金融科技
丛书

U0663216

股票
多因子模型实战
Python核心代码解析

陆一潇◎著

电子工业出版社·
Publishing House of Electronics Industry
北京·BEIJING

内 容 简 介

本书深入浅出地介绍股票多因子模型的原理与构建方式，从基础知识、单因子测试、因子合成、股票组合构建等多方面进行介绍。

本书共6章：第1章对量化投资进行概述，引出多因子模型的底层逻辑与实践框架；第2章和第3章分别介绍多因子模型的Python编程基础与概率统计基础；第4章介绍单因子的计算过程和处理过程，以及单因子的测试和测试结果的分析方法，是较为核心的一章；第5章介绍单因子如何进行因子合成；第6章介绍简单的组合构建方法和利用组合理论构建组合的方法。

图书在版编目（CIP）数据

股票多因子模型实战：Python核心代码解析 / 陆一潇著．—北京：电子工业出版社，2021.4
（金融科技丛书）
ISBN 978-7-121-40875-5

Ⅰ．①股… Ⅱ．①陆… Ⅲ．①股票投资－投资模型－软件工具－程序设计 Ⅳ．①F830.91-39

中国版本图书馆CIP数据核字（2021）第055255号

责任编辑：黄爱萍
印　　刷：北京七彩京通数码快印有限公司
装　　订：北京七彩京通数码快印有限公司
出版发行：电子工业出版社
　　　　　北京市海淀区万寿路173信箱　　　　　邮编：100036
开　　本：720×1000　　1/16　　　印张：14.5　　字数：266.8千字
版　　次：2021年4月第1版
印　　次：2025年8月第4次印刷
定　　价：79.00元

凡所购买电子工业出版社图书有缺损问题，请向购买书店调换。若书店售缺，请与本社发行部联系，联系及邮购电话：（010）88254888，88258888。

质量投诉请发邮件至zlts@phei.com.cn，盗版侵权举报请发邮件至dbqq@phei.com.cn。
本书咨询联系方式：010-51260888-819，faq@phei.com.cn。

前　言

　　量化投资对很多人而言，显得高端而又神秘。普通投资者觉得量化投资的从业人员都是一群精通计算机、金融和数学的"火箭科学家"。而实际上，量化投资是一个很广泛的概念，甚至可以说没有明确的界定。

　　在目前的量化投资中，股票多因子是一种具有较为成熟的框架体系的策略。但是市面上大部分关于股票多因子的图书都有些"高深莫测"，没有从业经验的读者读起来会比较困难，更别说用数据和代码构建出一套完整的股票多因子框架了。卖方研究所的多因子模型报告对高手研究一些细节问题往往具有一定的参考价值，但对于初学者架设整个框架则难以有很好的指导意义。笔者将本书命名为《股票多因子模型实战：Python 核心代码解析》，正是立足于模型的实践，突出框架的主干作用。

　　本书可作为股票多因子模型初学者的读物，也可作为量化投资爱好者了解量化的一个窗口。如果读者对编程有一定的基础，那么通过本书中的代码来理解股票多因子则是一个更便捷的途径。

　　2017 年夏天，我在上海地铁的二号线上第一次收到写书的邀请。想到自己资历尚浅，还没有完全了解股票多因子模型背后的底层逻辑，怕妄论一些细节的处理。所以当时没有着手撰写，但是写一本关于股票多因子实战的书的"种子"便就此种下。

　　2020 年，突如其来的疫情打断了很多原本按部就班的事情，空闲之际便着手梳理以前写的教程和文章，整理数据和程序，设计目录和结构。无巧不"成"书，2020 年 3 月，电子工业出版社的黄爱萍编辑联系上我，于是一拍即合，我在空闲时间加快了对内容的补充、程序代码的整理，最终本书得以出版。

全书的内容安排大致如下：

第 1 章，对量化投资进行了概述，引出多因子模型的底层逻辑与实践框架。

第 2 章和第 3 章，分别介绍多因子模型的 Python 编程基础与概率统计基础。

第 4 章介绍单因子的计算过程和处理过程，以及单因子的测试和测试结果的分析方法，是较为核心的一章。

第 5 章介绍单因子如何进行因子合成。

第 6 章介绍简单的组合构建方法和利用组合理论构建组合的方法。

书中涉及的代码均在附带文件的根目录下，为 ipynb 格式，读者可使用 Jupyter Notebook 打开阅读，下载地址为：http://www.broadview.com.cn/40875。书中使用的数据文件会在相关章节提示读者其文件位置。书中的代码通过"In"和"Out"进行标识，分别表示其后面的内容是使用者输入计算机的内容和计算机反馈给我们的内容。

本书在成书过程中得到了许多人的支持。

首先感谢电子工业出版社的黄爱萍编辑。没有她的"第一推动力"，恐怕本书至今依然只是一系列零散文章。感谢参与审核、校验、排版等工作的所有出版工作者。

感谢学习、工作以来的良师益友。本科、研究生阶段的导师都给我很多指导；工作过程中领导、同事给了我很大的启迪。

最后，感谢我的父母、家人和朋友，感谢每一个在生活、工作、学习过程中给过我批评和建议的同侪与前辈。

限于笔者的水平和精力，书中难免有错误或不当之处，欢迎读者不吝赐教。微信联系方式：luxiaoran0178。希望本书能够帮助更多的量化投资学习者。

陆一潇

目　　录

第1章

量化投资概述

本章将对量化投资进行简单的解释和介绍，同时引出股票多因子模型的实践框架，并介绍在量化投资实践中需要注意的一些问题。

1.1　什么是量化投资

对于量化投资，最常规的理解是"以数据为基础，通过构建交易模型，得到投资决策"。传统主观投资更多地依赖于人，人作为投资决策的主体，基于对市场信息的理解和自己过去经验的总结，从而对未来的资产价格做出判断，最后形成投资决策。

在上述这一过程中，投资者的决策往往会受到个人情绪的影响，而且在极端市场环境中，人作为投资主体，很难对风险有很清晰的认知。因此主观投资往往对投资者作为"人"这个个体本身具有较高的要求。

量化投资更多地依赖于可量化的数据。人利用这些数据，根据自身对市场的理解进行原始数据处理和数学模型构建，最后的投资决策来源于投资者所构建的量化交易模型。相对主观投资而言，量化投资不会受到投资者情绪的影响，对风险有着更好的刻画，但对量化投资者的数据处理能力和模型构建能力是一种考验。

从实际情况来看，量化投资固有的特点对金融量化交易从业人员提出了更高的综合能力要求。

量化分析师需要具备三方面的知识：金融、数学和计算机，而这也就是量化投资的"三轮驱动"，如图 1-1 所示。金融是量化分析师对金融市场、经济环境的理解，是构建量化模型的基础；而数学和计算机则是工具，是量化投资者用于表达、验证自己观点和策略的方法。

图 1-1　量化投资的"三轮驱动"

当然对于不同的量化方向，这"三轮"的侧重点也不同。例如高频量化交易者，需要更多地运用编程与数学，而对金融市场、经济运行则不需要有过多的了解。

下面我们就来介绍一下目前主流的一些量化方向。

1.1.1　股票多因子

股票多因子模型也常被叫作股票 Alpha 策略。股票多因子是目前量化策略里面最成体系的一种量化投资方法。本书的内容围绕多因子模型展开，深入浅出地介绍多因子模型的构建和运用。

相比于其他量化方向，股票多因子具有如下优点：
- 体系成熟
- 资金容量大
- 与基本面相结合

股票多因子模型背后的本质就是通过数量化的方法选择股票、构建优化组合，使得最后的组合可以跑赢基准指数。

股票多因子模型对投资者的综合素质要求较高，需要同时拥有统计学知识、计算机编程和数据分析处理这几方面的能力。

1.1.2　量化 CTA

CTA 全称为 Commodity Trading Advisor，即"商品交易顾问"。CTA 通常是指在大宗商品市场上为了获取绝对收益的一类投资策略的统称，但这些投资策略并不一定就是量化策略。目前有很大一部分 CTA 策略进行了量化模型构建，从而取代了传统的人工交易。

到目前为止，量化 CTA 策略发展大致有三个阶段。

第一阶段：由于大宗商品价格波动较大，趋势性较强，做多和做空都较为方便，一开始国内 CTA 策略往往以技术分析为主。后来，随着投资者经验的增加，计算机技术的发展，技术分析与数理统计和资产组合理论相结合，就慢慢发展出了量化 CTA。这是以传统的技术分析为基础的早期量化 CTA 策略。

这一类量化 CTA 策略通过计算一系列量价数据生成交易信号，进行多策略、多品种组合，以获得较平滑的净值曲线。其中趋势追踪策略是量化 CTA 策略中重要的组成部分：计算机通过预先设定好的程序，实时计算交易品种的趋势强度，当趋势满足某一个条件时，计算机会发出交易信号，由计算机自动下单或者人工下单。趋势追踪策略在本质上是利用市场的"肥尾"现象赚取绝对收益。

第二阶段：随着大宗商品市场的成熟，许多量化团队开始利用大宗商品的基本面数据构建量化模型。例如通过构建商品的基本面量化系统，结合商品的基差、库存、产业链利润、进出口数量等数据生成交易信号。这种方法构建的模型具有可解释性，可以利用计算机对现有的研究体系进行系统化，从而提高投资决策的效率和科学性。

第三阶段：在上述两个阶段之后，目前有些量化 CTA 团队进行了多类型策略的组合。除了使用传统的量价等市场交易信号构建最基本的 CTA 策略，还利用基本面信息，构建大宗商品的因子模型与因子选择模型。例如，通过量化手段，构建商品的期限结构因子、对冲压力因子等，然后结合宏观环境与品种自身的产业格局，构建因子选择模型，最后将两者进行组合，互相弥补，构建出有效、稳定的量化 CTA 策略。

由于 CTA 策略具有绝对收益的优势，且与其他大类资产几乎不存在相关性，因此很多机构投资者会将 CTA 策略作为一种资产进行配置。

1.1.3 套利

使用量化工具进行套利的方法有很多，最常见的套利方法有统计套利、内外盘套利等。

统计套利就是基于统计规律进行套利策略的实现，其背后的逻辑很简单：如果两个资产的价差或者比价在历史上一直存在均值回复的特征，而且历史数据经得起统计方法的检验，例如两者存在协整关系，那么后续就可以在价差偏离的时候进行反向操作，从而在价差回归的时候获利。

在实践中统计套利并不被大家推崇，因为这一方法没有考虑资产价格背后的驱动因素，在"黑天鹅"事件来临时，容易遭受巨大的损失。

内外盘套利也是一种常见的套利方法。有很多商品在内外盘都有交易，例如黄金、大豆等。当内外盘价格在考虑汇率、关税、运费等因素之后依然有较大差异时，就可以进行内外盘套利。当内盘价格过高的时候，做空内盘商品，做多外盘商品；反之亦然。

此外，还有其他套利方法，例如 ETF 套利、分级基金套利等。这些套利方法背后的逻辑都十分简单，但是仍然需要通过量化的方法计算好风险收益比，然后进行套利交易。这类套利策略的前提是需要在特定时间下捕捉到套利的机会，机会的来源可以是突发事件、投资者异常行为等。

除了统计套利，其他套利策略对投资者的市场认知提出了较高的要求。总体而言，套利策略往往是以金融市场的逻辑为基础，辅助以统计方法和计算机编程技能来实现的。

1.1.4 高频

高频交易是离金融的本质最远的一个量化领域，这一领域更像是一个计算机与电子信息的主战场。

　　高频交易的参与者通常不需要深刻理解整个金融市场的运行,也不需要了解宏观经济和产业基本面的数据,而需要更多地基于数学知识和算法技巧,利用高效的程序化方法来获利。

　　高频交易并不意味着交易的频率高,但是其分析的数据通常都是高频的,通常要求下单的速度极快。

　　高频的数据必然导致在分析时数据量的指数级增加。数据量的增加就要求我们必须提高回测的效率和实盘计算的速度,所以,高频交易对交易硬件的配置有很高的要求。在这一方面,很多时候普通的交易线路已经不能够满足高频交易机构了,因此更多的机构会使用专线进行交易,甚至有些机构的网络传输通信协议栈的解析也会采用非传统的方式。

　　通常使用高频策略不需要投资者有过多的金融市场的专业知识,但是对投资者的建模能力与计算机性能有着较高的要求。

1.2　股票多因子模型框架

　　每一种投资框架背后都有其独特的思想,比如价值投资背后的思想就是在市场错误定价的时候买入被市场低估的标的;趋势投资者认为市场具有惯性,所以"截断亏损,让利润奔跑"。股票多因子框架也有其底层的思想,本节我们将从股票多因子框架的底层来理解这一投资模型背后的逻辑。

1.2.1　因子与因子思维

　　在讲股票多因子之前,我们先来深刻理解一下"因子"这个词的含义。

　　"因"就是起因,或者说原因,"子"则是分割后所得最小部分的意思,合起来理解,"因子"就是原因分割后的产物,而"股票多因子"的字面含义就是股票上涨/下跌的原因的组成部分。

　　在股票多因子的思想里认为股票的涨跌是可以被解释的,或者说有"因"的,而多因子就是捕捉这个"因"的方法。故而,凡是可以在逻辑上解释股票收益且可以被量化的要素都可以被称为"因子"。

一般来讲，股票的因子可以是直观可理解的"原因"，比如公司所在的行业、公司的盈利情况，以及一些技术指标等。在这样的思想之下，我们购买一系列股票的本质其实就是购买一系列驱动着这些股票上涨/下跌的因子。

下面用一个形象的例子来直观理解一下多因子思想。我们来看一下某品牌巧克力的营养成分，如表 1-1 所示。

表 1-1　巧克力营养成分表

项目	每 100 克	NRV%
能量	2134 千焦	25%
蛋白质	5.5 克	9%
脂肪	26.9 克	44%
碳水化合物	59.2 克	19%
钠	203 毫克	10%

如果我们吃了这种巧克力 100 克，那么在常规思维下，我们就是摄入 100 克巧克力。但是，在因子思维下，我们吃的并不是巧克力，而是 2134 千焦的能量、5.5 克的蛋白质、26.9 克的脂肪、59.2 克的碳水化合物、203 毫克的钠及其他没有被写进表里面的成分。

在上面这个例子里，我们通过营养成分表把 100 克巧克力分解成了 5 个因子。这看起来似乎没有什么神奇之处，反而使简单问题复杂化了：原本摄入 100 克巧克力是比较好理解的，但使用因子思维就需要考虑 5 个因子了。

但如果我们后续又吃了各种不同牌子的巧克力、蛋糕、苹果派等多种食物，那么在因子思维下，我们仍然只摄入了上面 5 个因子，这个时候，就是"化繁为简"了。

同样地，对于我国沪深两市的数千只股票，甚至全球上万只股票，如果我们引入因子思维，那么也可以"化繁为简"。

"多因子"的"多"仅仅是"多个"的意思吗？

我们继续用食物来做类比。现在很多女性都既爱美又爱吃，所以纷纷希望世界上有一种食物，既好吃，又不发胖。但是这样的食物似乎并不存在，因为好吃的食物通常都含有高卡路里。

作为投资人，我们梦寐以求的事情就是找到一个神奇因子，这个因子既能够给股票带来持续的正收益，也能使收益稳定并一直存在。这件事情在本质上和"既好吃又不发胖"没有什么区别。没有只吃不胖的食物，也没有这样神奇的因子。但是营养学家告诉我们：合理地搭配饮食，可以确保好吃、不胖。

同样地，在投资界，既然找不到这样的一个神奇因子，那么就用一系列因子来搭配吧。于是，多因子模型应运而生。多因子在经过特定的方法组合之后，可以使投资者获得稳定、正向的收益。

1.2.2　多因子模型的数学语言

前面我们提到，股票多因子模型也常被叫作股票 Alpha 策略，下面我们就来解释一下这背后的原因。

一只股票的涨跌可以分成两个部分：股票自身的特性与当时大盘整体的表现。

例如，某一天上证指数上涨 1.5%，而上证指数中的股票 A 上涨 1.7%，股票 B 上涨 1.2%，这个时候我们就可以认为，两只股票自身特性所带来的收益分别是 0.2%（1.7%-1.5%）、-0.3%（1.2%-1.5%），而两只股票共有的大盘表现就是 1.5%。

在上面的例子中，我们将股票的收益率进行了简单的分解：由股票自身特性所带来的收益称为 Alpha 收益，而归属于大盘整体表现的收益，称之为 Beta 收益。

当然，Alpha 收益和 Beta 收益都是可正/可负的。通俗来讲，所谓的 Alpha 收益就是跑赢了大盘多少个点。

所以，我们就有下面这个公式：

$$R_{it} = \text{Alpha}_{it} + \text{Beta}_t$$

式中，R_{it} 是股票 i 在 t 时刻的收益率，Alpha_{it} 为 t 时刻股票 i 的 Alpha 收益率，Beta_t 为 t 时刻的大盘收益率。对于一只股票是如此，对于多只股票的组合也是如此。因为股票组合就是一系列股票的加权组合。

$$P_t = \sum_{k=0}^{n} w_{it} \cdot \text{Alpha}_{it} + \text{Beta}_t$$

式中，P_t 是股票组合的整体收益率，w_{it} 为某一时刻股票组合中股票 i 的权重，Alpha_{it} 为 t 时刻股票 i 的 Alpha 收益率，Beta_t 为 t 时刻的大盘收益率。整个组合超过大盘的部分就是整个组合的 Alpha 收益率。

对于 Beta 收益，也就是大盘的涨跌，投资者可以通过卖空股指期货的方式进行对冲。即我们可以不考虑大盘的涨跌，只要组合具有正的 Alpha 收益，那么即使整体收益率是负的，也可以获得不错的收益。

例如我们持有某一个股票组合，股票全部来自中证 500 指数。在某一年的牛市中，我们的组合上涨了 55%，中证 500 指数上涨了 53%。那么我们在持有组合的同时，在股指期货上做空中证 500 股指期货，先不考虑升水、贴水等其他交易成本的影响，股指期货给我们带来 53% 的亏损，则最终的收益是 55%-53%=2%。这样我们就剥离出来了 Alpha 收益。

或许有的读者觉得 2% 过少，但是如果我们将场景切换为熊市，市场下跌 53%，这个时候只要 Alpha 收益为正，最后的收益就是正的。

对冲基金的常规做法就是使用多因子模型构建股票组合，然后利用股指期货做空，获取 Alpha 收益。正是因为这样的操作方法较为常见，所以很多时候股票多因子模型也被叫作 Alpha 策略或市场中性策略。

当然，股票多因子模型也可以不使用股指期货做空，而仅利用多因子模型进行股票的选择和权重的配置，从而对指数收益进行增强。

上面我们仅对股票的收益进行了简单的分解，将其分为 Alpha 收益和 Beta 收益，这也是多因子模型理论框架的起点。

下面我们来简单了解一下多因子模型的数学公式。

$$R_{it} = \alpha_i + \beta_{1i} f_{1t} + \beta_{2i} f_{2t} + \cdots + \beta_{ki} f_{kt} + \varepsilon_{it}$$

上面式子对股票收益率的分解更加细化。式中，R_{it} 是股票 i 在 t 期的收益率，与之前一致。α_i 则代表收益率的常数项，通常这一项数值极小，趋近于零。$\beta_{ki} f_{kt}$ 是因子 k 在 R_{it} 上的收益率分解。其中，β_{ki} 是股票 i 在 k 因子上的敞口，也就是股票的该因子的因子值，f_{kt} 是 k 因子的因子收益率。所以股票的收益率并不能完全被我们所知道的因子解释，所以会有一个残差项 ε_{it}。

1.2.3　多因子模型的实践框架

多因子框架体系可以归结为"道"和"术"两个层面。在上面一小节中，我们简单介绍了多因子模型背后的底层原理，可以说是"道"的层面，简单理解即可；而在这一小节中，我们要讲解一下"术"的层面，也就是实际操作过程中是怎么将"道"这一层面的思想体现出来的。先看一下多因子模型框架结构图，如图 1-2 所示。

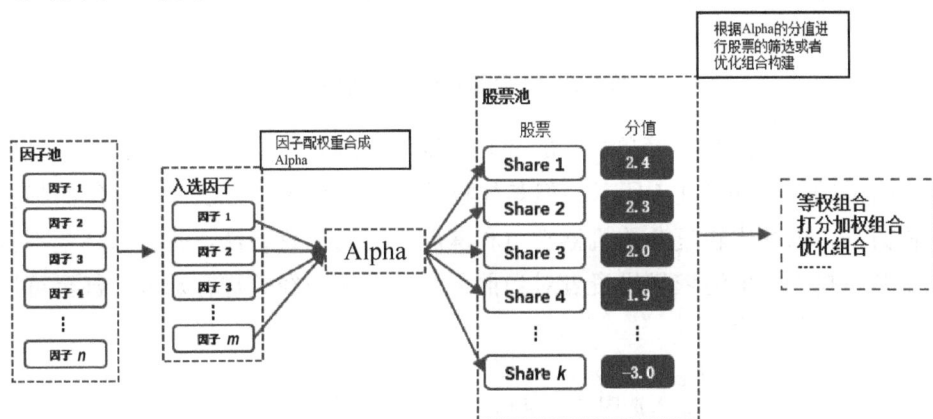

图 1-2　多因子模型框架结构

多因子模型的具体构建分为 3 个子部分：单因子测试与筛选、因子合成和组合构建。在进入实盘之后，还应当增加"归因分析"的部分。本书由于篇幅有限，只讨论前面三个部分。

第一部分是单因子测试与筛选，如图 1-3 所示。

先构建自己的因子池，并通过测试模板和特定的指标不断地测试这些因子，把目前市场下可行、有效的因子纳入入选因子池，这个过程就叫作"因子筛选"，这一过程以因子池和因子测试为基础。

因子测试与筛选的详细内容将会在本书第 4 章介绍。

第二部分是因子合成。

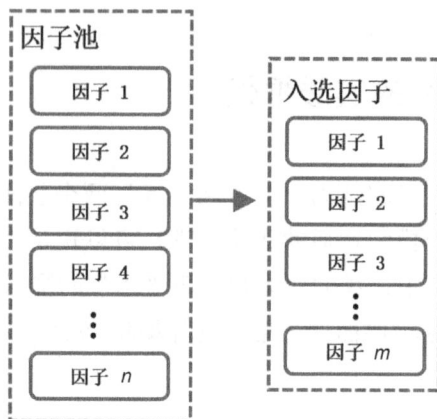

图 1-3 因子测试与筛选示意图

因子合成的过程很简单，就是对上一步筛选出来的因子进行加权求和变成一个合成因子，如图 1-4 所示。但其加权的过程有很多种方法，有传统的指标加权方法，也有比较复杂的机器学习和深度学习的加权方法，还可以完全不依赖于数量模型，单纯依靠投资者对当前市场的理解和经验进行加权，甚至可以将多种模型相结合。

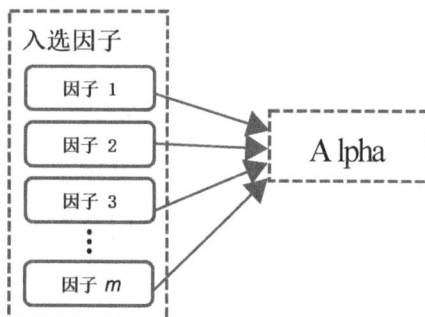

图 1-4 因子合成示意图

目前在整个股票多因子体系中，这一部分可研究、挖掘的点是最多的，而且也是主观投资者与量化投资者可以相互结合的环节。

第三部分是组合构建。

当我们通过一定的手段获得合成因子后，其实就获得了每一只股票的一个总的因子分值。我们可以按照从小到大的顺序给股票池中的股票排序，接下来根据合成因子的打分来计算哪只股票买多少比例，这就是股票组合的构建，如图 1-5 所示。

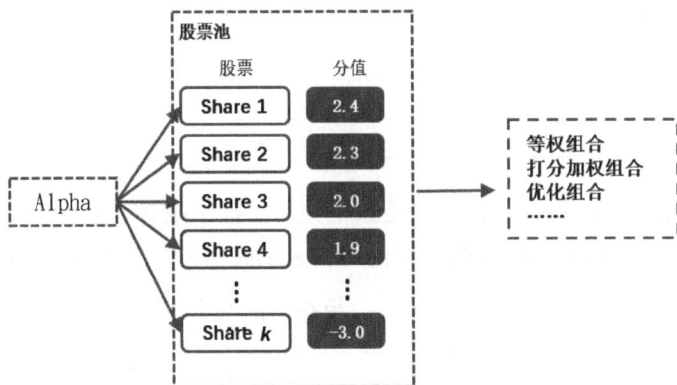

图 1-5　组合构建示意图

股票组合的构建方法：最简单的方法是选出得分前 20%的股票，然后等权买入；也可以采用复杂的数学方法，例如将优化算法结合马科维兹的组合理论进行组合优化，最终得到一个优化器计算出来的组合结果。

所谓的组合，简单来看其实就是每只股票的占比权重，如表 1-2 所示。

表 1-2　股票组合表

股票	买入比例（%）
股票 1	6.9
股票 2	5.7
⋮	⋮
股票 n	0.23
合计	100

上面我们分了三个部分静态介绍了多因子模型的操作框架，下面我们从时间维度，动态理解一下这一模型具体是如何进行股票调仓的。

假设现在是 T 时刻，而我们的调仓周期是 t，那么依赖于现在可以获得的数据计算出 T 时刻的合成因子值，并通过组合构建方法计算出一个组合，记为 P_T，如表 1-3 所示。

表 1-3　组合 P_T

股票	买入比例（%）
股票 1	w_{T1}
股票 2	w_{T2}
⋮	⋮
股票 n	w_{Tn}

调仓周期可以是数分钟也可以是数个交易日甚至是数个月。在一个调仓周期（t）后，我们可以依赖新的数据计算出 $T+t$ 时刻的股票组合，即 P_{T+t}，如表 1-4 所示。

表 1-4　组合 P_{T+t}

股票	买入比例（%）
股票 1	w_{T+t1}
股票 2	w_{T+t2}
⋮	⋮
股票 n	w_{T+tn}

$T+t$ 时刻的新的组合可以与前一个组合进行轧差，在对比差异之后，进行调仓，确认需要买入和卖出的股票数量，如表 1-5 所示。如果调仓方向为负数，那么就是卖出特定比例的股票；如果为正数，那么就是买入特定比例的股票，最终使得组合 P_T 变成 P_{T+t}。

表 1-5　组合轧差

股票	调仓方向（%）
股票 1	$w_{T+t1} - w_{T1}$
股票 2	$w_{T+t2} - w_{T2}$
⋮	⋮
股票 n	$w_{T+tn} - w_{Tn}$

1.3　量化的基本问题

量化的基础是数据和模型，在其他领域的建模中需要注意的问题，在量化投资中也存在，例如过度拟合和欠拟合。而由于金融市场有其特殊性，所以需要额外注意一些问题，具体如下。

1.3.1　幸存者偏差

其实幸存者偏差无处不在，一直充斥着我们的生活。例如，我们感觉创业成功的人很多，于是纷纷选择去创业。这就是一个典型的幸存者偏差，因为媒体很少报道创业失败的案例；同时，我们不知道这些创业成功者有多少是靠努力成功的，有多少是靠运气成功的，这也是"幸存者"这一词的来源。

在金融领域，这一效应也很明显。多年前有个故事：一个银行家告诫一个服务员，不要把钱存入银行，而应该去买可口可乐的股票。最后这个服务员获得了很高的投资回报。且不论这个故事的真假，我们可以想象，当时会有很多别的银行家给别的服务员推荐别的股票。至于为什么可口可乐的这个故事流传了下来，就是因为可口可乐活到了今天，而当时的绝大部分其他公司现在都已经破产退市了。

我们在做量化分析的时候，就要特别注意是否犯了这个错误。比如使用当下可交易的全体股票作为股票池进行回测分析，这就是一个典型的幸存者偏差问题。回测过程中的每一个时间点都应该使用当时存在的股票作为股票池，而不是使用现在幸存下来的股票作为股票池。

当我们的量化分析过程中存在幸存者偏差的时候，收益率往往会被高估。

1.3.2　未来信息

未来信息是一个特别需要注意的问题，无论是在因子计算还是行情回测或者简单的数据分析中，都有可能犯这个错误。

所谓的未来信息就是在分析的时候，在某个时间节点上使用了这个节点还没有生成或者尚且不能获得的数据。如图 1-6 所示，当我们在 T_0 时刻计算交易信号的时候，只能使用 T_0 时刻已经可以获取的信息。但是我们在编写量化策略的时候，往往历史数据都已存在，所以很多时候会不经意用到未来的数据，这就是所说的使用未来信息的问题了。

T_0时刻

T_0时刻时可以使用的信息 ——— 时间

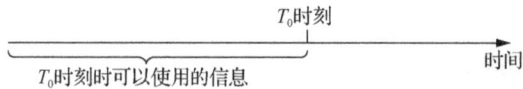

图 1-6　未来信息示意图

举一个简单的例子，在简单的均线系统中，通常我们使用当天的收盘价为价格进行均线的计算。在这种情况下，当天的均线点只能在当天收盘之后获取，也就是在下一个交易日开盘前才可以使用，交易系统无法获取当天的均线值。

更容易使用未来信息的情景是财务因子的计算。我们以年报为例。年报反映的是某一年度公司的经营情况，但是公布年报的时间点往往是在下一年度，而且每一家上市公司公布的时间点不一样。例如，2018 年的年报按照证监会要求，需要在 2019 年 4 月 30 日之前公布。既然如此，我们就必须在年报公布后的下一个交易日才能使用上市公司年报数据，而不能在 2018 年结束之后马上就使用。如果我们在量化模型中使用了未来信息，则往往会极大地高估模型的表现。

1.3.3　过度拟合与欠拟合

量化投资的技术基础是数据与模型，那么其就要规避常规的数据科学中所需要规避的错误，其中过度拟合与欠拟合是建模过程中最需要重点讨论的问题。

过度拟合的模型表面上完全拟合了样本内的数据集，在有限的样本量下模型准确度显得极高，但实际上模型的外推能力极差。过度拟合其实是将样本数据中含有的"噪声"也用于模型构建了，也就是对样本中的信息过度解读了。

而欠拟合则是过拟合的对立面。当我们的模型欠拟合的时候，往往拟合能力较差，没有充分使用样本中蕴含的信息。

我们可以通过图 1-7 来直观地理解过度拟合与欠拟合。

图 1-7（a）是欠拟合的例子，其原本是一个指数的模型，但是当我们只考虑其背后线性部分的时候，就只能得到一个欠拟合的线性模型。这一线性模型在现有样本中的拟合度就显得不是很高，而在进行外推的时候，预测能力也明显不足。图 1-7（c）则是过度拟合的例子，其在样本内完全拟合了每一个样本

点，但是很显然，其外推能力极差，没有任何预测能力。图 1-7（b）的情形则是一个较为合理的拟合情况，较好地反映了样本的信息，在样本内的拟合程度和样本外的预测能力上都有不错的表现。

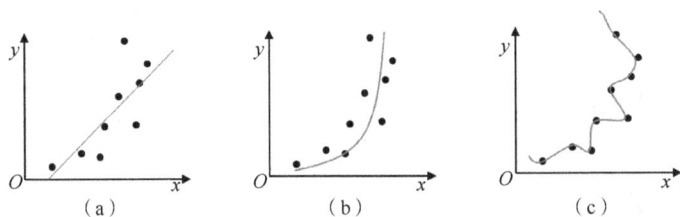

图 1-7　拟合程度

在实际的金融数据建模过程中，我们遇到的最常见的问题是模型的过度拟合，而不是欠拟合。通常我们有很多种方法挖掘数据中的信息，在极少情况下才会犯欠拟合的错误。

所以在金融数据建模中，通常我们会使用一些技巧来避免过度拟合。

其一，模型的建立必须基于逻辑，即模型建立的背后逻辑必须与金融经济含义相匹配，而不仅是单纯的数据挖掘。这是金融数据建模与其他数据建模不同的地方。在金融数据建模过程中，即使模型表现得很完美，如果没有经济逻辑的支持，那么它也不是一个合格的模型。

其二，可以使用常规的方法来测试模型是否过度拟合，如利用参数的敏感性测试来衡量模型是否过度拟合。如果我们在对参数进行小幅度调整后，发现整个模型的预测和拟合能力都出现了很大的变化，那么模型往往是过度拟合的，我们应该考虑简化模型。

1.3.4　因果性与相关性

人们很容易把相关性误认为是因果性。如果事件 A 是事件 B 发生的原因，事件 B 是事件 A 发生的结果，那么我们就可以说这两个事件具有因果性；而如果是事件 C 导致了事件 A 和事件 B 的发生，或者出于某种巧合导致事件 A 和事件 B 共同发生，那么这两个事件就不是因果关系，而可能是相关关系。如果两个事件之间是相关关系，则不一定是因果关系；如果两个事件具有因果性，则一定具有相关性。

在量化投资中，进行相关性分析是必不可少的，但是如何解读数据背后的相关性，如何进一步判断其是否是因果性，这对投资的决策有着很重要的意义。

1.3.5　其他问题

1. 数据质量

量化投资是以数量化模型为基础的，而数据是更底层的基础设施。量化投资所需要的数据包括行情数据、财务数据、公司数据等。这些数据的准确性决定了建立的模型的准确性。量化建模中有一句经典名言："Garbage in, garbage out"，如果我们用错误的数据去建立一个模型，那么这个模型一定是没有任何价值的。

对于数据的质量，可以从两个角度去考察，一个是准确性，另一个是及时性。

准确性就是指数据正确与否。如果数据来源存在存储错误、录入错误等问题，那么这些数据只能通过后期调整或者寻找多个数据源进行相互对比来做数据的修正。

及时性是指数据源给我们提供的数据是否及时。例如交易所会提供免费的行情数据，但都存在一定延时。这类数据是否及时取决于我们模型建立的时间维度。如果我们的模型是低频模型，那么数据存在数分钟的延时也是可以接受的。但如果我们的模型是高频模型，那么数据的及时性就是影响数据质量的一个很重要的部分。

2. 操作风险

操作风险涉及的范围比较广，最常见的就是数据与模型的备份。

为了避免计算机等设备突发故障，对于核心数据与核心模型的代码通常都应进行日常备份。此外，对于常规数据和代码均应进行访问权限设置与防拷贝系统的部署。

第 2 章

2

量化的 Python 基础

在中低频量化界，几乎清一色地使用 Python 作为开发和建模的语言，这得益于 Python 的易用性和其强大的社区。其易用性体现在对入门者较为友好，强大的社区则为 Python 强大的功能提供了后备力量。量化分析过程中的几乎所有的需求在 Python 社区都有相关的开源第三方库。如果使用者不想深入研究量化背后的算法，那么找到开源的包，然后学会如何使用它就可以了。

2.1 Python的安装与基本环境

Python 是一种解释性语言，这就使得 Python 的开发和测试流程与 C++或者 Java 有很大的不同。所谓解释性语言，就是我们写的代码其实是交给了解释器，解释器获取我们写的代码，翻译后再传输给计算机去操作。而 C++语言中间有一个编译的步骤，这一步骤会把代码编译成计算机能够直接运行的文件。这就是两者之间的区别，刚入门量化的投资者无须深究这些。

2.1.1 下载与安装

首先我们需要安装 Python 解释器，这里需要注意的是，我们要下载的不是 Python 官网原生的版本，而是 Anaconda 的 Python 发行版。Python 和 Anaconda 的关系可以用吃饭来比喻。Python 就是大米饭，能吃饱；Anaconda 则像是一桌能招待客人的宴席，有大米饭，也有冷菜、热汤等。

进入 Anaconda 的官网，我们选择"Download"，然后选择 Python 3.7 版本，如图 2-1 所示。

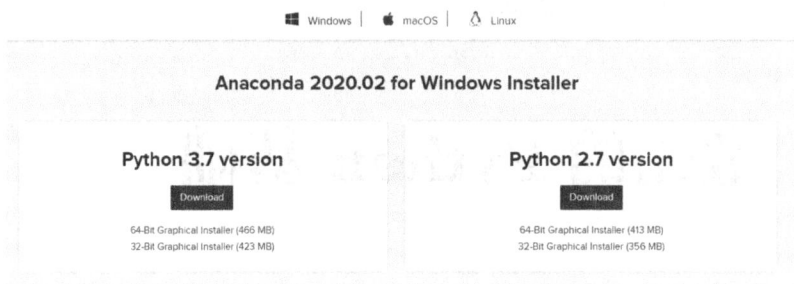

图 2-1　Anaconda 下载界面

读者可以根据自己的操作系统进行下载。下载完成后安装即可，其过程与普通软件的安装过程一样。以 Windows 系统为例，安装完成后，我们可以发现在"开始"菜单中多了 Anaconda 的选项。

在安装完成的 Anaconda 下面有多个工具，如图 2-2 所示，通常使用的是第 2 个工具"Anaconda Powershell Prompt"。

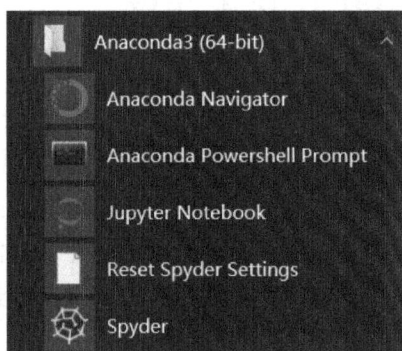

图 2-2　Anaconda 工具

2.1.2　Jupyter 的使用

Python 2.X 版本在 2020 年停止维护，所以本书所用代码均为 Python 3.X

版本。

下面先介绍一下 Jupyter Notebook 的使用方法。

一般来说，我们会先在空白的地方新建一个工程文件，用于存储后续的 Python 代码等相关文件。例如，我们在 E 盘建立一个名为 demo 的空白文件夹，后续我们就把第一个 Python 程序放在这一文件夹下面，如图 2-3 所示。

图 2-3　demo 文件夹

建立完文件夹之后，我们打开前文提到的 "Anaconda Powershell Prompt"，输入 "E:"，将命令行的运行盘符变成 E 盘，然后用 cd 命令进入 E 盘我们刚建立的 demo 文件夹中（"cd demo"）。接下来输入 "jupyter notebook"。命令行运行结果如图 2-4 所示。在稍等数秒之后，命令行会自动帮我们打开网页，并构建好一个 Notebook 运行环境，如图 2-5 所示。

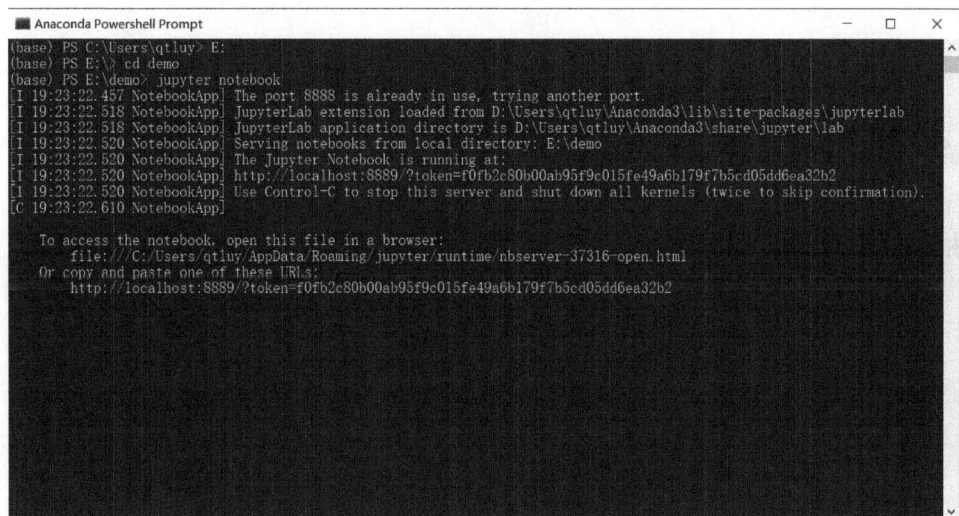

图 2-4　命令行运行结果

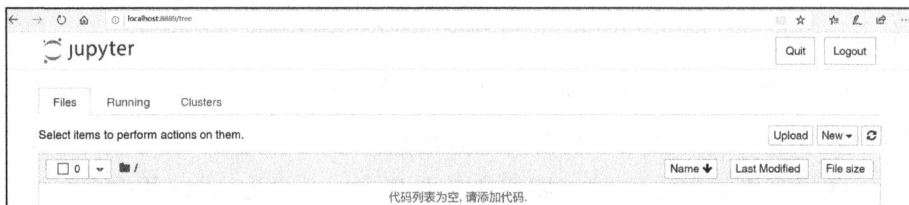

图 2-5　Notebook 界面

通过右侧的 new—>Python 3 新建一个 notebook，新建的 Notebook 如图 2-6 所示。

图 2-6　新建的 notebook

可以通过单击上面的 Untitled 按钮来修改这一 Notebook 的名称。

下面就可以开始运行我们的第一个 Python 程序了。在第一行的空白窗口内输入 print('hello world')，然后按下 Shift+Enter 组合键，就可以运行这一窗口中的代码了。在 Notebook 环境下，Shift+Enter 组合键将会运行当前活跃单元格中的代码。结果如图 2-7 所示。

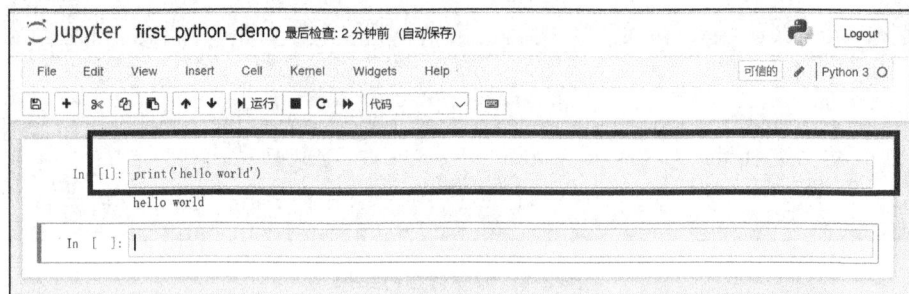

图 2-7　运行 hello world

　　如图 2-7 中矩形框所标示的运行程序的输入窗口被称为一个"单元"。在这个界面的"Edit"下拉菜单中，还可以进行单元的删除（Delete Cells）、剪切（Cut Cells）、合并上方单元格（Merge Cell Above）、合并下方单元格（Merge Cell Below）等操作。读者可以自行尝试，观察各个功能的作用。

　　Jupyter Notebook 中还支持 Markdown，使用者可以像在文字编辑器中一样进行一定篇幅文字的撰写，还可以通过下拉菜单改变单元格的属性，如图 2-8 所示。

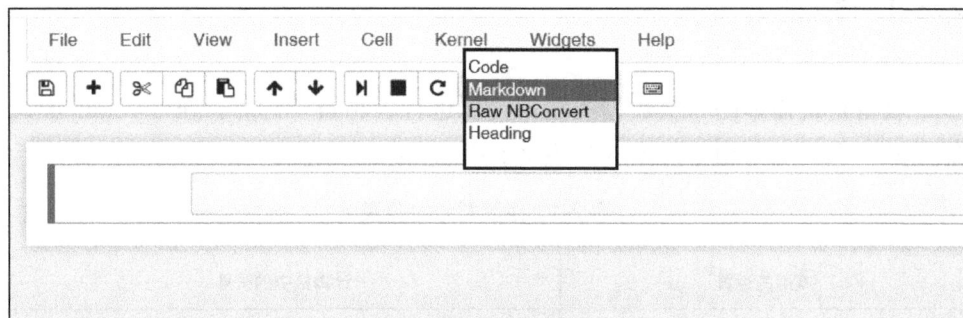

图 2-8　修改单元格属性

　　Jupyter Notebook 还有许多其他的功能，例如在"File"下拉菜单中对当前的 Notebook 进行复制或者导出为网页文件、PDF 文件或其他文件，如图 2-9 所示。

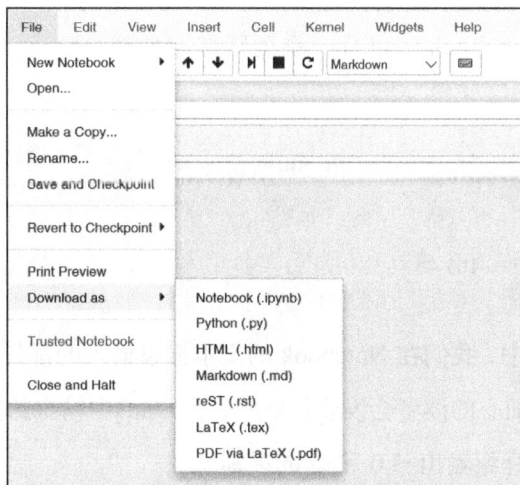

图 2-9　File 下拉菜单

2.2 基本数据类型和变量

任何一门编程语言都有自己特有的数据类型，Python也不例外。本节简单介绍一下Python中常用的数据类型。

2.2.1 整型

整型是最简单的一类数据类型，可以进行各种数学运算。在Python中，加、减、乘、除都由字符表（如表2-1所示）来对应表示。

表2-1 运算符号对照表

实际的运算	计算机中的符号
+	+
−	−
×	*
÷	/

我们可以在Notebook中进行一系列整型的尝试。

```
In:     1
Out:    1
In:     -45 + 40
Out:    -5
In:     (-45 + 40) * 3 / 5
Out:    -3.0
```

在上面的过程中，我们在Notebook的文本框里输入的都是整型的数据，可以进行普通的运算。细心的读者会发现，最后一行Out[]中输出的内容是-3.0而不是-3，在后面我们会介绍输出-3.0和-3的区别。

2.2.2　浮点型

既然有整数，也就有小数。诸如 1.56、5.9、8.0、-3.2，此类都是浮点型数据。上文提到的-3.0 其实就是浮点型数据，而-3 则是整型数据。浮点型数据也可以进行加、减、乘、除各种运算，而且可以和整型数据一起进行运算。

浮点型数据最容易出现在除法运算中，在 Python 3.X 中，除法返回的都是浮点型数据，这也就解释了为什么在上面"(-45+40) * 3/5"的例子中，参与运算的都是整型数据，但最后获得的却是浮点型数据。

在介绍整型这一数据类型的时候，我们介绍了四则运算的符号。除了四则运算外，在 Python 中还有两类常用的运算符号：次方（开方）和取余，其对应的符号如表 2-2 所示。

表 2-2　运算符号表

实际的运算	计算机中的符号
次方（开方）	**
取余	%

其中，两个乘法符号（**）既可以代表次方，也可以用于开方。比如我们对 1024 求 5 次方和进行 5 次开方：

```
In:     1024 ** 5
Out:    1125899906842624
Tn:     1024 ** (1/5)
Out:    4.0
```

取余是一个比较有趣而且有用的运算，当我们希望对数据跳开数个间隔进行处理的时候往往会使用取余运算：

```
In:     19 % 4
Out:    3
```

2.2.3 字符串

整型、浮点型都是数学领域的内容，而字符串则更像是语文领域的内容。"hello world" "Are you OK ?" "234" "98.07"这4个被双引号包围起来的内容都是字符串。特别值得注意的是，在 Python 中，如果 234 没有被双引号包围起来，那么它就是整型，代表的是 234 这个数字；而如果外面加了双引号就变成了字符串"234"，这个字符串中的内容就是"234"；同样地，98.07 没有双引号时就是浮点型，加了双引号就变成了字符串。

此外，单引号、三引号同样也可以用来表示字符串，'hello world' '''234'''都是字符串。

字符串也可以进行相加操作，但是相加之后其实是字符串的拼接；同时，字符串可以和整型做乘法，表示把字符串重复多少次。

```
In:     'hello'
Out:    'hello'
In:     '67'
Out:    '67'
In:     "She said 'welcome!' "
Out:    "She said 'welcome!' "
In:     'abc' + 'xyz'
Out:    'abcxyz'
In:     'xyz' * 3
Out:    'xyzxyzxyz'
```

在上面代码的第 5 行中，我们注意到，引号其实具有嵌套功能，当外层和内层使用不同类型的引号时，内层的引号会被自动认为是字符串内容的一部分，例如"She said 'welcome! ' "中，外面的双引号表示 She said 'welcome! '是一个字符串，而里面的单引号则是字符串的一部分。同理，我们也可以用三引号来完成这一任务。

```
In:     ''' The boy said "I want you tell me the truth " '''
Out:    ' The boy said "I want you tell me the truth " '
```

在实际使用过程中，我们经常需要将字符串中的一部分或者一个字符取出来。在 Python 中，这个功能很容易实现。例如，我们希望获取字符串的第 2 个字符就使用以下方法：

```
In:      'Interesting'[1]
Out:     'n'
```

这里有一个重要的知识点，在编程语言中，计数往往是从 0 开始的。0 代表第 1 个，1 代表第 2 个，2 代表第 3 个，以此类推，刚开始接触编程的读者需要特别注意。

```
In:      'Interesting'[0]
Out:     'I'
```

有时候我们希望从后往前去获取，比如希望获得最后一个字符或者倒数第 2 个字符，这个时候就可以在前面加负号代表"倒数"的含义。

```
In:      'Interesting'[-1]
Out:     'g'
In:      'Interesting'[-2]
Out:     'n'
```

如果我们想截取几个字符，那么可以使用":"来表示。

```
In:      'Interesting'[1:5]
Out:     'nter'
```

[1:5]表示的是获取该字符串第 2 个到第 6 个字符（不包括第 6 个字符）。这种获取方式在 Python 里面有一个专门的术语，叫作切片操作。

2.2.4　布尔型

布尔型就是逻辑判断的结果。布尔型数据类型只有两个值：True 或者 False。

在 Python 中，True 和 False 这两个单词有着特殊的含义，表示的是布尔型的取值。我们也可以看到，当在 Notebook 中输入 True 或者 False 的时候，这两个单词会自动变色。

当然，如果加上引号变成'True'或者'False'，那么它们就变成普通的字符串类型了。

```
In:     True
Out:    True
In:     False
Out:    False
In:     'True'
Out:    'True'
In:     'False'
Out:    'False'
```

其中，第 1 行和第 3 行输入的是布尔型，而后面输入的内容加上了引号，就成为'True'和'False'的字符串了。这完全是两种类型，读者需要注意。

布尔型有自己特有的逻辑运算符号：and、or 和 not，含义如表 2-3 所示。

表 2-3　布尔型逻辑运算

逻辑运算	代码语言	含义
逻辑与	and	当两者都为 True 时，运算结果为 True
逻辑或	or	两者中仅有一个为 True 则为 True
取反	not	取反，将 True 和 False 互相取反

可以在 Python 中对上面的逻辑运算符进行验证。

```
In:     True and False
Out:    False
In:     True and True
Out:    True
In:     True or False
Out:    True
In:     not False
Out:    True
In:     (not False) and True
Out:    True
```

那么，什么叫逻辑判断呢？它其实就是对某个事物或者条件做判断（叫作判断语句）。如果判断是对的，那么语句的值就是 True；反之，则为 False。

常用的逻辑判断符有==、>、<、!=，分别表示等于、大于、小于、不等于，此外，> 和 <可以和=合起来使用，构成 >=和 <= ，分别表示大于等于、小于等于。

```
In:     3 < 9
Out:    True
In:     8 == 7
Out:    False
In:     (8 > 3) and (8 > 6)
Out:    True
```

在上面的例子中，我们通过比较一些整数的大小来形成逻辑表达式。例如 3 小于 9 这个判断明显是对的，3 确实是小于 9 的，所以表达式返回的就是 True。而 8 大于 3，也大于 6，所以(8 > 3) and (8 > 6)这个判断语句也是对的。显然 8 和 7 并不相等，所以 8 == 7 这个判断语句的结果就是 False。

2.2.5 变量

变量在所有程序语言里面都是一个很重要的概念，编程的初学者可以将变量看作一个容器，即一个用来存放数据的载体。

把数据放入变量这个容器的过程叫作赋值。赋值操作也很简单，就是使用等号。

```
In:     a = 4
In:     a
Out:    4
In:     a > 8
Out:    False
In:     name = 'Python'
In:     'I like ' + name
Out:    'I like Python'
```

在第 1 行中，我们把数据 4 赋值给变量 a，在后续操作中，当我们使用变量 a 时，其实就是在使用存储在这个变量里面的内容，也就是整型数据 4。

当我们在第 4 行中判断 a 是否大于 8 的时候，其实就是判断 4 是否大于 8。显然，4 并不大于 8，所以返回的布尔值就是 False。

同样地，在第 6 行中我们把 Python 这个字符串放到变量 name 里面，后续就可以使用 name 这个变量了。

此外，变量的赋值是可以覆盖的。

```
In:       age = 8
In:       age
Out:      8
In:       age = 10
In:       age
Out:      10
```

我们给 age 这个变量赋值为 8，age 的值就是 8；而当我们再次给 age 变量赋值后，新的值就会替代原来的值。

2.3   Python的容器

我们在上一节讲到 Python 中最主要的几种数据类型，并介绍了变量的概念。可以将变量视作一个用于存放某种数据的容器，但有时候我们希望可以把很多数据组织起来。

比如 A 股有数千家上市公司，每一家公司都有自己的股票代码。怎么把这些代码放在一起呢？又有什么办法可以通过股票代码来检索这个公司的简称呢？这就涉及数据之间组织的问题了。

这一节主要介绍 Python 中的容器，其作用就是进行数据的组织和存储。我们将重点介绍 3 种常用的容器：列表、元组和字典。

2.3.1   列表

列表是最简单的一种容器，可用于存放一系列数据。使用者可以随心随意地增、删、改列表里面的内容。

在 Python 中，列表用[ ]来表示，使用逗号进行分隔。比如[1,2,3]，就表示一个含有 3 个整数的列表。

1. 如何创建一个列表

创建一个列表很容易，只要使用方括号将列表中的数据括起来即可。

```
In:     name_list = ['Xiaomi', 'Huawei', 'Apple']
```

这样我们就创建了一个里面有 3 个字符串（'Xiaomi'，'Huawei'，'Apple'）的列表。如果我们在创建列表的时候什么也不写入，那么就创建了一个空的列表。

```
In: name_list = [ ]
```

2. 如何向容器中添加元素

列表被创建之后可以进行一系列操作，其中最常用的就是增加元素（我们通常把列表里面的内容叫作"元素"）。

```
In:     name_list.append('Samsung')
In:     name_list
Out:    ['Xiaomi', 'Huawei', 'Apple', 'Samsung']
```

列表这一容器包含 append 方法，使用者可以通过这个方法在列表尾部追加一个元素。例如在上面的例子里，我们在 name_list 这个列表最后加入了'Samsung'字符串。

3. 如何访问容器中的元素

访问列表中的元素很简单，与访问字符串的方式一模一样，下标依然从 0 开始，即在编程语言中"0"依然代表的是第 1 位，所以当我们访问下标为"1"的元素时，实际返回的是列表的第 2 个元素：'Huawei'。

```
In:     name_list[1]
Out:    'Huawei'
In:     name_list[-1]
Out:    'Samsung'
```

```
In:      name_list[1:-1]
Out:     ['Huawei', 'Apple', 'Samsung']
```

在介绍字符串的时候，我们讲了字符串的切片操作。列表的切片操作和字符串的切片操作没有任何差别。

4. 怎么修改容器里面的元素

既然知道了如何获得容器里面的元素，那么其修改自然就很简单了，用修改后的内容再次给元素赋值就可以了。

譬如我们希望在"Xiaomi"后面加上"-W"，变成"Xiaomi-W"，以此来指出小米的股票同股不同权，则进行以下操作。

```
In:      name_list[0] = name_list[0] +'-W'
In:      name_list
Out:     ['Xiaomi-W','Huawei','Apple','Samsung']
```

5. 怎么从容器里面移除元素

在 Python 中删除列表中的元素也很简单，使用 del 命令就可以了。例如，我们发现华为并没有上市，那么就可以将其从列表中删除。

```
In:      del name_list[1]
In:      name_list
Out:     ['Xiaomi-W','Apple','Samsung']
```

6. 列表推导式

Python 中的列表有一个很强大的语法，叫作列表推导式，其实质就是对列表中的每一个元素做某种处理后，生成一个新的列表。

例如我们将上述获得的 name_list 进行一个变换，将里面元素的内容全部变成大写字母。

```
In:      name_list
Out:     ['Xiaomi-W', 'Apple', 'Samsung']
In:      [name.upper() for name in name_list]
Out:     ['XIAOMI-W', 'APPLE', 'SAMSUNG']
```

上面代码中的"upper"方法是字符串自带的一个方法，作用就是将字符串中的英文字符变成大写。

我们注意到"[name.upper() for name in name_list]"这一行代码就是一个简单的列表推导式。其含义就是遍历 name_list 中的每一个元素，然后对遍历的每一个元素使用 upper()方法。列表推导式中的 name 可以是任何其他名称，例如"[x.upper() for x in name_list]"，这并不影响列表推导式最后的结果。

2.3.2　元组

可以简单地将元组理解为不可以更改元素的列表。此外，元组的创建和列表很像，只不过是把方括号变成了圆括号。

```
In:     name_tuple = ('Xiaomi', 'Huawei', 'Apple')
```

这样我们就构建了一个元组。元组元素的获取也是采用索引切片的方式。

```
In:     name_tuple[1]
Out:
In:     name_tuple[-1]
Out:    'Apple'
In:     name_tuple [0:-1]
Out:    ('Xiaomi', 'Huawei')
```

如果需要对元组进行删除、增加和修改操作，Python 将会报错。因为元组只能访问，不能修改。

2.3.3　字典

字典这一容器的含义与其字面意思一致。所谓字典，就是用来查找内容的工具书，因此会有一个相关内容的名称和这个名称背后的内容。

在 Python 中，字典这一容器有两个重要的概念：key 和 value。key 就是字典的索引名，比如汉字字典中的某个字头就是一个 key；而我们从字典中查询出来的内容就是 value，例如汉字字典中对某个汉字解释的内容。

既然这样，我们定义字典的时候就需要定义 key-value 对，也叫作键值对。

例如，我们现在要定义一个字典，希望通过上市公司的代码来查询公司的简称：

```
In:code_name_dict = {'600900': '长江电力',
'600926':'杭州银行',
'002812':'恩捷股份'}
```

这样我们就新建了一个有 3 个键值对的字典，可以通过里面的股票代码来查询上市公司的简称。

```
In:code_name_dict['600926']
Out:'杭州银行'
```

如果我们想增加一个键值对，那么方法很简单，直接赋值就可以了。

```
In:
code_name_dict['601318'] = '中国平安'
code_name_dict
Out:
{'002812': '恩捷股份', '600900': '长江电力', '600926': '杭州银行',
'601318': '中国平安'}
```

修改也同样简单，直接对已有的 key 进行索引后赋值就可以了。

```
In:
code_name_dict['600900'] = '修改'
code_name_dict
Out:
{'002812':'恩捷股份', '600900': '修改','600926': '杭州银行', '601318':
'中国平安'}
```

同样地，删除字典里面的键值对也很容易，使用 del 语句就可以了。

```
In:
del code_name_dict['600900']
code_name_dict
Out:
{'002812': '恩捷股份', '600926': '杭州银行', '601318': '中国平安'}
```

2.4　Python的基本语法

既然编程的工具叫作计算机语言，那么说明其本质上是一个沟通的工具，就像英语、法语一样，只不过 Python 语言是我们和计算机沟通时使用的语言。

既然是语言，那么肯定就有语法。语法就是语言的规则，计算机语言的语法更多时候是人为规定的，没有什么道理可讲，因此对于 Python 的基本语法这一部分，读者应做到熟能生巧，记住就可以了。

2.4.1　if 判断

我们与计算机的交流过程，就是把我们想要实现的功能告诉计算机的过程。其中最常见的一种功能就是：在某种情况下，进行某种操作；在另一种情况下，进行另一种操作。在这样的场景中，就要用到 if 判断语句。

if 判断语句的语法如下。

```
if 逻辑判断 1:
执行语句 1
elif 逻辑判断 2:
执行语句 2
elif 逻辑判断 3:
执行语句 3
......
else:
执行语句 N
```

我们在上一节中已经做了逻辑判断语句的介绍。逻辑判断语句最后的结果是 True 或者 False。在 if 语句中，只有 if 或者 elif 后面的逻辑判断语句结果为 True，才会执行下面的执行语句；如果不满足条件，那么程序将会跳过当前 if 分支，继续寻找下一个满足条件的分支语句。

如果所有的逻辑判断语句都不满足，则执行 else 后面的语句。其中 elif 与 else 分支语句是可以根据实际需求进行省略的。

例如，我们需要编制一个 Python 程序来判断股票代码是否是在上海证券交易所（以下简称上交所）上市的，如果是在上海证券交易所上市的股票，那么就输出字符串"上交所"。我们知道，目前在上海证券交易所上市的股票的代码都是以 6 开头的，所以我们可以根据这一特性进行程序的编写。

```
In:
secucode = '600006'
if secucode[0] == '6':
    print('上交所')
```

上面这段代码中，我们使用了 Python 的一个内置函数 print，这个函数的作用就是将括号中的信息显示在 notebook 中。

读者可以看到，上面这段代码运行之后，我们会在 notebook 中看到"上交所"三个字，因为我们的变量 secucode 里面存储的是"6"开头的代码。

假设现在我们的需求改变了，不仅要识别出上海证券交易所的股票，还要识别出深圳证券交易所（以下简称深交所）的股票。我们知道深交所代码是以 0 或者 3 开头的，所以我们可以把上面的代码拓展成如下代码。

```
In:
if secucode[0] == '6':
    print('上交所')
elif secucode[0] == '0' or secucode[0] == '3':
    print('深交所')
```

我们可以使作增加一个 elif 语句的方式来增加一个判断分支。当代码的第一个字符为 0 或者 3 的时候，程序就会输出"深交所"。

我们继续增加要求。如果代码既不是上交所的也不是深交所的，那么程序就输出"查询失败"。将上面的代码做如下修改即可。

```
In:
if secucode[0] == '6':
    print('上交所')
elif secucode[0] == '0' or secucode[0] == '3':
    print('深交所')
else:
    print('查询失败')
```

2.4.2　for 循环

人类学习编程语言最重要的目的之一就是希望计算机帮我们做一些重复劳动，所以计算机语言几乎都有循环语句。Python 中最常用的循环语句就是 for 循环，它在使用中往往与列表结合起来。

在上一节中，我们介绍了列表这种容器。列表里面会有许多元素，如果我们希望对每一个元素都依次进行相应的处理，那么就可以使用 for 循环来实现。

我们首先定义一个含有 4 个股票代码的列表。

```
In:secucode_list = ['600900', '000703', '002049', '002311']
```

如果我们希望把列表中每一个元素都通过 Python 的 print 语句输出到 notebook，就可以通过 for 循环来实现。

```
In:
for secucode in secucode_list:
    print(secucode)
Out:
600900
000703
002049
002311
```

列表和 for 循环语句结合的机制其实很简单：secucode 就是一个临时的代理变量，在循环过程中会依次变成列表中的元素进行后续的语句执行。这个代理的命名是随意的，例如下面这段代码的功能与上面的循环完全一样。

```
for x in secucode_list:
    print(x)
```

我们现在可以总结一下 for 循环与列表结合的语法格式。

```
for 临时变量 in 某个列表:
    循环语句
```

如果我们希望遍历列表里面的股票代码，同时依次输出这些股票所在的交易所，那么可以将这一需求写成如下的代码。

```
In:
for secucode in secucode_list:
    if secucode[0] == '6':
        print('上交所')
    elif secucode[0] == '0' or secucode[0] == '3':
        pprint('深交所')
    else:
        pprint('查询失败')
Out:
上交所
深交所
深交所
深交所
```

我们看到，运行结果和实际情况完全一致。

2.4.3 函数

在高中数学课上我们都学过函数的概念，但是编程语言中的函数与数学语境里的函数有很大的不同。

在计算机语言中，函数是对某一个多次使用的功能进行封装后形成的代码块。被封装后的代码块可以没有输入，也可以有多个输入；可以没有输出，也可以有多个输出。所以，在某种意义上将编程语言的函数称之为功能模块可能更加合适。

Python 语言自身提供了许多有用的函数，比如我们之前介绍的 print 就是一个用于显示内容的函数。此外，还有其他常用的函数，如 abs 用于获取数字的绝对值，max 用于获取一系列数据中的最大值。

```
In:abs(-97)
Out:97
In:max(1,2,33,-8)
```

```
Out:33
```

我们可以使用 Python 内置的函数，但是这些函数有时不能满足我们的需要。在实际应用中，我们对于功能的实现往往多样且复杂，所以更多的时候需要自己定义一个函数，然后通过调用自己定义的函数来实现一些功能。

定义函数的基本格式如下。

```
def function_name([input_1, input_2,……,input_n]):
    执行语句
    [return value_1, value_2,……,value_n]
```

在上面的格式中，可以没有输入的内容。同样地，也可以没有输出的内容，即没有 return 语句。

我们对之前的股票交易所判断代码进行封装，来定义一个函数实现这一功能。

```
In:
def exchange(secucode):
    if secucode[0] == '6':
        return '上交所'
    elif secucode[0] == '0' or secucode[0] == '3':
        return '深交所'
    else:
        return '查询失败'
```

上面的代码定义了一个用于查询交易所的函数，后续如果我们需要使用这一功能，则直接调用这个函数即可。

比如我们想在循环语句中通过对股票代码的遍历来获取股票的交易所，则只需要运行下面两行代码。

```
In:
for secucode in secucode_list:
        print(exchange(secucode))
Out:
上交所
深交所
```

```
深交所
深交所
```

上面我们定义的函数既有输入也有输出，但这并不是必要的。没有输出的函数往往用于实现某些动作或者对文件进行操作；没有输入的函数同样也是偏于功能性的函数，而不是计算类型或者逻辑判断类型的函数。

例如，我们定义一个将当前时间显示在 notebook 上的函数：

```
In:import time
In:def now():
    print(time.ctime())
```

这里，"import time"是 Python 中模块的导入，这在后面小节中将会提到；"time.ctime()"是向计算机获得当前时间。编写好上面的函数之后，在程序任何地方均可对这一函数进行调用。

```
In:now()
Out:Sun May 3 21:37:47 2020
```

我们可以看到，上面"now"这一函数没有输入和输出。

如果希望程序能够将当前的时间返回给我们，例如存储到某一个变量中，而不是直接显示出来，则可以使用 return。

```
In:import time
In:def now():
        return time.ctime()
In:current_time = now()
```

上面我们定义的函数将当前的时间通过 return 语句返回，存储在"current_time"这一变量中。

没有接触过编程的读者可能会有疑问，为什么要定义函数？直接把功能写在程序里不是更加直观吗？

把一些特定的功能封装成函数然后通过调用来实现，表面看起来似乎多此一举，但其实是有很多好处的。

一是，函数可以反复使用。当我们定义好函数后，在后续的编程过程中，只要有需要这一功能的地方都可以直接调用函数来完成，而不需要复制代码。

二是，合理封装、调用函数可以提高代码的可读性。函数的调用使得代码更加简洁明了。

2.4.4　模块的使用

在前面，我们看到了一个新的语法：import，这个词在英语中最直接的意思就是进口。

确实，import 在 Python 中的功能和现实生活中的"进口"很像。当我们自己无法生产或者生产不具有优势的时候，就会选择进口；同样地，当我们自己无法编写一些功能，或者其他人已经编写好，我们不用再浪费大量时间编写的时候，就可以直接"import"一些现成的模块来满足我们的需求。例如之前使用的 time 模块，这一模块有一个 ctime()方法，用于获取当前时间。我们自己通过代码和计算机进行交互，获得当前的时间也可以实现，但是操作流程比较烦琐，而且这样通用的功能已经有人写成模块了，因此我们直接拿来使用就可以了。当然，在使用之前，要告诉 Python 我们"进口"了 time 这个模块。

```
In:import time
```

我们想要的功能需要 import 哪一个模块则需要平时的积累以及通过网络来查询。那么，是不是当我们想用某一个模块的时候，在 Python 中直接输入"import+模块名"就行了呢？答案是否定的。

例如，Python 有一个现实进度条的模块，叫作"progressbar"。我们可以直接在 notebook 中运行"import progressbar"尝试一下，会出现下面这些代码。

```
In:import progressbar
    Out:---------------------------------------------------------
------------------- ModuleNotFoundError Traceback (most recent call
last) <iPython-input-6-aa73c21ff055> in <module> ----> 1 import
progressbar ModuleNotFoundError: No module named 'progressbar'
```

很明显，并不能直接用"import progressbar"来告诉 Python 我们将会使用这一个模块。在使用一个模块之前需要确认，我们当前的 Python 环境是否已经安装了这一模块，如果没有安装，就会出现上面这样的错误提示（No module named 'progressbar'）。

我们可以通过在 Anaconda 的 Prompt 命令行环境中输入 pip list，来查看当前环境中已经安装的第三方模块，如图 2-10 所示。

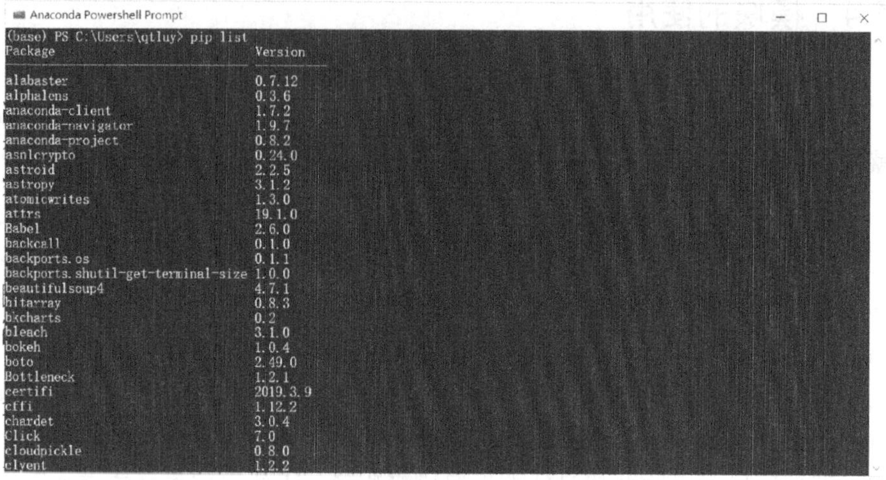

图 2-10 pip list 结果图

对于那些当前 Python 环境中还没有安装的模块，应该如何进行安装呢？这里还需要用到 pip，它是 Python 的模块管理工具，提供了对 Python 模块的查找、下载、安装、卸载的功能。

使用 pip 安装第三方模块很简单，只需要在 Prompt 中输入"pip install+模块名称"即可。例如，若需要安装 progressbar，则只需要输入"pip install progressbar"即可，如图 2-11 所示。

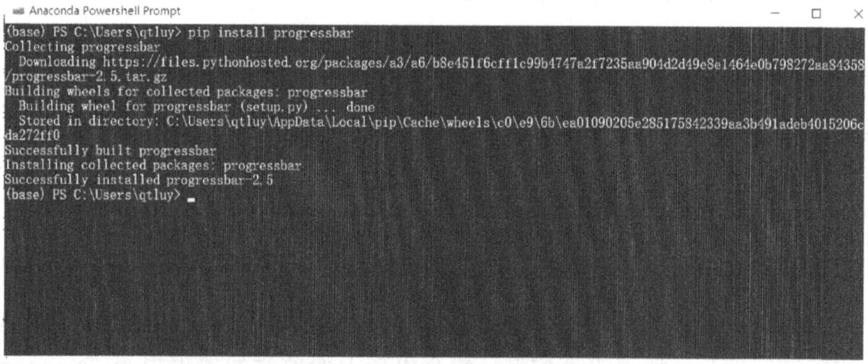

图 2-11 pip 安装第三方模块

如果我们希望卸载已经安装的模块，只需要输入"pip uninstall + 已安装的模块名"就可以了。

在安装完成后，重启一下 Jupyter Notebook，就可以"import"上面的 progressbar 模块了。

2.5　数据处理入门

数据处理是量化投资的基础。量化投资是一种数据驱动的投资方式，那么如何清洗数据？如何使用数据？如何对数据进行处理？这些都是做量化投资需要解决的重要问题。

因此，我们说数据处理是量化投资的第一课也不为过。Python 的数据处理生态是数据处理的一大利器。在 Python 的数据处理生态中，基本的数据处理有 3 个重要的模块，分别是 NumPy、Matplotlib 和 Pandas。本节将会重点介绍这 3 个模块的基本使用，特别是 Pandas。Pandas 是 Python 在作为数据处理工具时绕不过去的一个重要模块。

2.5.1　NumPy 科学计算库

NumPy 是一个功能十分强大的科学计算库，其功能可以完全媲美 MATLAB，特别是在矩阵运算中。

在 Anaconda 中已经集成了这一模块，我们直接使用即可，无须自行安装。在使用 NumPy 之前，我们通常会看到下面这样一个语句。

```
In:import numpy as np
```

这里与前面在介绍 import 时有些许不一样，多了 as 语句。通常，我们会把"numpy"导入后用"as"命令给它取一个小名"np"。上面"as"的作用就是在程序后面使用"numpy"这个模块的时候不用反复输入 5 个字母，只需要输入"numpy"的小名"np"就可以了。

（1）NumPy 的基本使用

NumPy 中有一个最基本的数据结构：array，可以将其理解为一个数列。例如我们知道某只股票最近 8 个交易日的涨跌情况依次为：0.3%，1.2%，-0.7%，-0.6%，0.3%，3.3%，9.9%，-0.4%，就可以把这一系列涨跌幅放入一个数列中。

```
In:stock_price_ser =
        np.array([0.3,1.2,-0.7, -0.6, 0.3,3.3, 9.9, -0.4])
```

注意，这里我们使用 NumPy 模块中的 array 方法来构建 array 类型，其中使用 "np" 这一 "小名" 来替代 "numpy"。当我们调用 stock_price_ser 的时候，程序就会显示里面的内容。

```
In:stock_price_ser
Out:array([ 0.3,  1.2, -0.7, -0.6,  0.3,  3.3,  9.9, -0.4])
```

对于 array 这一数据类型，NumPy 给我们提供了一系列方便有用的操作，如利用 NumPy 自带的统计计算功能可以快速计算 array 中数据的均值、中位数、标准差等。

```
In:print('股价涨跌均值是：', np.mean(stock_price_ser))
      print('股价涨跌中位数是：', np.median(stock_price_ser))
      print('股价涨跌标准差是：', np.std(stock_price_ser))
Out:
      股价涨跌均值是： 1.6625
      股价涨跌中位数是： 0.3
      股价涨跌标准差是： 3.343253467806472
```

上面我们用股票涨跌的数据构建的 array 是单个维度的，而在 NumPy 中支持多个维度的数列。

```
In:stocks_price_ser =
      np.array(
          [[0.3,1.2,-0.7,-0.6,0.3,3.3,9.9,-0.4],
          [1.2,3.4,0.1,-0.8,-2.8,0.6,2.0,6.3]])
```

上面这个数列可以表示两只股票的涨跌序列，其中一个序列是[0.3,1.2,-0.7,

-0.6,0.3,3.3,9.9,-0.4]，另一个是[1.2,3.4,0.1,-0.8,-2.8,0.6,2.0,6.3]。同样，我们可以直接计算两个序列的均值。

```
In:np.mean(stocks_price_ser, axis=1)
Out:array([1.6625, 1.25  ])
```

上面的代码可以计算出这两只股票在这一期间的平均收益率。但是，有时候我们可能希望求取的是两只股票在同一天的平均收益率。NumPy 也给我们提供了很方便的功能，只要设置 axis 参数就可以让这些统计运算在另一个方向上执行。

```
In:np.mean(stocks_price_ser, axis=0)
Out:array([ 0.75,  2.3 , -0.3 , -0.7 , -1.25,  1.95,  5.95,  2.95])
```

对于多个维度的数列，当我们想获取其中某一个位置的数据时，可以用方括号加索引号的方式获取，这与列表的索引方式一致。例如我们想得到第 1 行第 2 个数据，那么就可以使用索引[0][1]来实现。

```
In:stocks_price_ser[0][1]
Out:1.2
```

（2）NumPy 的随机数生成

NumPy 有一个很强大的功能就是按照需要的分布来生成随机数。这一功能的实现需要用到 NumPy 中的 random 模块。

例如 random 模块下的 rand 函数可以按照均匀分布，随机生成 0～1 之间的数字；randn 函数按照标准正态分布随机生成数字。

```
In:np.random.rand(3,4)
Out:array([[0.42937696, 0.51072622, 0.99134901, 0.43829232],
[0.09163198, 0.19697731, 0.00956774, 0.21307734], [0.05786369,
0.69071394, 0.71643082, 0.83607469]])
```

在上面的代码中，NumPy 给我们返回一个 3×4 的随机数序列，序列中的每一个数字都是 0～1 之间随机产生的数字。

```
In:np.random.randn()
Out:-0.42136431087374343
```

上面的函数返回了一个标准正态分布的随机数。后续我们还会使用 NumPy 中随机数生成的功能。

（3）NumPy 的基本数学运算

NumPy 中的 array 可以直接进行数组之间的运算。

```
In:stock1_price_ser =
        np.array( [0.3,1.2,-0.7, -0.6, 0.3,3.3, 9.9, -0.4])
In:stock2_price_ser =
      np.array( [1.2,3.4,0.1,-0.8,-2.8,0.6,2.0, 6.3])
```

我们可以直接用加法运算实现对位置数值的相加。

```
In:stock1_price_ser + stock2_price_ser
Out:array([ 1.5,  4.6, -0.6, -1.4, -2.5,  3.9, 11.9,  5.9])
```

同样地，也可以进行其他运算，例如对位置数值的相乘或者逻辑判断。

```
In:stock1_price_ser * stock2_price_ser
Out:array([ 0.36,  4.08, -0.07,  0.48, -0.84,  1.98, 19.8 , -2.52])
In:stock1_price_ser > stock2_price_ser
Out:array([False, False, False,  True,  True,  True,  True, False])
```

2.5.2　Matplotlib 可视化库

Matplotlib 是一个 Python 的 2D 绘图库，具有极强的灵活性，可以实现各种复杂的绘图功能。

我们来看一张通过 Matplotlib 绘制的股票价格折线图。

```
In:
import numpy as np
from matplotlib import pyplot as plt
    x = np.arange(0,len(stock1_price_ser))
    y = stock1_price_ser
plt.title("Stock1_price_ser")
plt.xlabel("Time points")
```

```
plt.ylabel("Daily return")
plt.plot(x,y)
plt.show()
```

这里对上述代码简单做一些解释。np.arange 用于自动生成一个递增序列的函数。例如 np.arange(1,11)将会生成 1 到 10 的一个数列，通常用于设置绘图时的 x 轴坐标。

```
In:np.arange(1,11)
Out:array([ 1,  2,  3,  4,  5,  6,  7,  8,  9, 10])
```

在"x = np.arange(0,len(stock1_price_ser))"这一语句中，我们将绘图的 x 轴设置为 0 开始，长度为 stock1_price_ser 价格数列长度的一个递增序列；y 轴则是股票的日度收益率。

```
plt.title("Stock1_price_ser")
plt.xlabel("Time points")
plt.ylabel("Daily return")
```

这 3 行代码使用 plt.title、plt.xlabel、plt.ylabel 分别设置了图形的名称、x 轴名称和 y 轴名称。绘制的结果如图 2-12 所示。

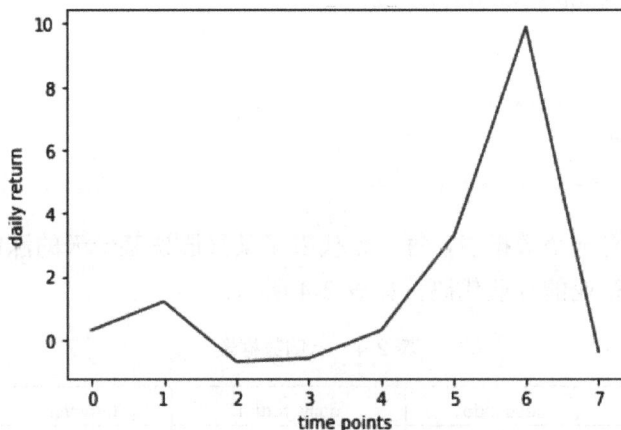

图 2-12　Matplotlib 绘制图

本节通过一个例子简单展示了 Matplotlib 绘图的过程。由于在实际使用过程中，更多的时候我们通过 Pandas 调用 Matplotlib 来绘制相应的图片，所以这一部分仅进行简要介绍。在后续的 Pandas 部分将详细展开数据的可视化内容。

2.6 Pandas

在数据分析、机器学习以及量化投资领域，只要是和数据、模型打交道，又使用 Python 作为编程语言的从业者，都知道 Pandas 这个数据处理界的大杀器。

Pandas 最初来源于大名鼎鼎的 AQR（世界顶级对冲基金之一），于 2008 年 4 月开始开发，并于 2009 年年底发布开源内容，发展到现在已经形成一个很完善的体系。从某种意义上来说，掌握了 Pandas 就掌握了 Python 的数据处理。

2.6.1 数据表

通常，我们使用 Pandas 的时候会习惯性地导入 Pandas 的好朋友们，也就是之前提到的 NumPy 和 Matplotlib。

```
In:
import pandas as pd
import numpy as np
import matplotlib.pyplot as plt
```

下面我们看一个数据表，每一行代表了某只股票某一天的涨跌幅、换手率及该股票所属行业的行业代码，如表 2-4 所示。

表 2-4　示例数据表

data_date	secucode	daily_return	turnover	ind_code
2013/1/22	000001.SZ	0.074	0.015	480000
2013/1/22	000002.SZ	0.099	0.002	430000
2013/1/22	000004.SZ	0.001	0.015	370000
2013/1/22	000005.SZ	0.013	0.031	430000
...	...	...	...	...

其中数据表中的 data_date 指的是行情发生的日期，也就是交易日；secucode 是股票代码；daily_return 是这一个交易日该股票的涨跌幅；turnover 是这一天该股票的换手率；ind_code 为该股票所属行业的行业代码。后续我们对 Pandas 的介绍将会以这一数据表为基础进行展开。

2.6.2　Series 与 DataFrame

Pandas 里面有两个重要的概念，Series 和 DataFrame。Series 翻译成中文就是 "系列"；DataFrame 则直译为 "数据框"。

1. 构建 Series

对于数据表 2-4，可以将每一列认为是一个 Series，代表某一个属性下的记录；而整个数据表则可以叫作一个 DataFrame。由此可见，DataFrame 是由 Series 组合而成的。

我们可以通过 Python 内置的数据容器列表来构建一个 Series。

```
In: daily_return_Series = pd.Series([0.074, 0.099, 0.001, 0.013])
In: daily_return_Series
Out:
0    0.074
1    0.099
2    0.001
3    0.013
dtype: float64
```

上面的例子就是通过收益率列表[0.074, 0.099, 0.001, 0.013]构建了 Pandas 体系下的一个 Series。

Python 中有一个很常用的内置方法，叫作 type()。我们可以通过这一方法查看任何变量的数据类型。

```
In: my_name = 'luyixiao'
In: type(my_name)
Out: str
```

在上面的代码中，我们对 my_name 这个变量进行了赋值，赋值类型为字符串（str），使用 type()方法对其类型进行查看，发现 my_name 的数据类型确实是字符串。同样地，我们可以对 daily_return_Series 的变量类型进行查看。

```
In: type(daily_return_Series)
Out: pandas.core.Series.Series
```

可以看到，我们构建出来的 daily_return_Series 属于 Pandas 下的 Series 数据类型。

使用同样的方式，我们可以构建股票代码的 Series、换手率的 Series 和行业代码的 Series。

```
In:
secucode_Series =
pd.Series(['000001.SZ', '000002.SZ', '000004.SZ', '000005.SZ'])
turnover_Series =
pd.Series([0.015, 0.002, 0.015, 0.031])
ind_code_Series =
pd.Series(['480000', '430000', '370000', '430000' ])
```

有一点值得注意的是，secucode_Series 和 ind_code_Series 中的元素是字符串类型，而 daily_return_Series 和 turnover_Series 中的元素是浮点型。

2. 构建 DataFrame

我们已经学会如何构建 Series 了，接着来学习如何构建 DataFrame。

DataFrame 有很多种构建的方法。之前我们提到过，DataFrame 其实就是由 Series 组合而来的，因此我们可以通过之前的几个 Series 来构建一个完整的 DataFrame，结果如表 2-5 所示。

```
In:
trading_data = pd.DataFrame(
{'daily_return': daily_return_Series,
'secucode': secucode_Series,
'turnover': turnover_Series,
'ind_code': ind_code_Series})
```

```
In: trading_data
Out:
```

表 2-5　Series 构建的 DataFrame

daily_return	secucode	turnover	ind_code
0.074	000001.SZ	0.015	480000
0.099	000002.SZ	0.002	430000
0.001	000004.SZ	0.015	370000
0.013	000005.SZ	0.031	430000

通过 Series 来构建 DataFrame，最常用的方法就是通过构建一个字典来实现。其中 DataFrame 的列名是字典的 key，对应的列的内容就是 Series。

进一步观察这一构建好的 DataFrame，我们会发现，一个 DataFrame 由 3 部分组成，如图 2-13 所示。

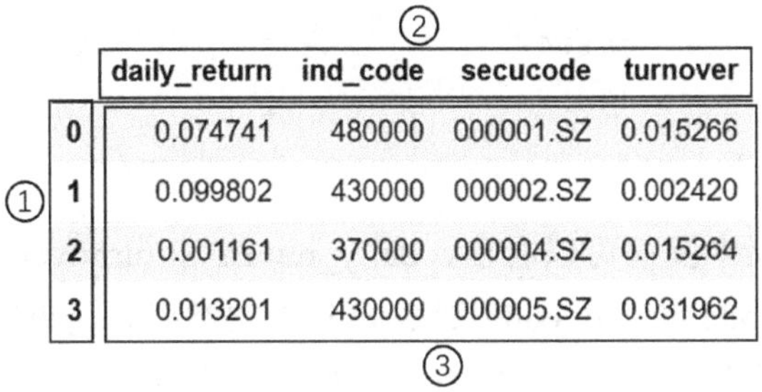

图 2-13　DataFrame 解析图

图中①Index 为 DataFrame 的索引；②Columns 为列名，可用于选择数据；③Data 为中间的数据部分，每一列都是一个 Series。

那么，我们要构建一个 DataFrame 是不是可以不通过 Series，而直接制定呢？

答案当然是可以的。

```
In: trading_data  = pd.DataFrame(
    index=[0,1,2,3],
    columns=['daily_return', 'secucode', 'turnover','ind_code'],
    data=[[0.074, '000001.SZ', 0.015, '480000'],
        [ 0.099, '000002.SZ',0.002420,'430000'],
```

```
[ 0.001161, '000004.SZ',0.015264,'370000'],
[0.013201,'000005.SZ',0.031962,'430000']])
```

这里利用 DataFrame 的 3 个要素（index、columns、data）来构成一个 DataFrame。

我们注意到，data 要素由一个二维列表构成，每一个内部的列表都构成一条行记录，依次是收益率、股票代码、换手率、行业代码。其中，股票代码和行业代码是字符串类型，其余的是浮点数类型。

DataFrame 自带一个 dtypes 属性用于展示 DataFrame 中的数据类型，我们也可以查看一下这一 DataFrame 中内容的数据类型。

```
In: trading_data.dtypes
Out:
daily_return    float64
secucode        object
turnover        float64
ind_code        object
dtype: object
```

从上面的结果中我们可以看出，daily_return 和 turnover 两列是 64 位浮点数类型，而 secucode 和 ind_code 则是 object 的类型。这里需要说明的是，在 DataFrame 的数据格式中，没有字符串类型。所有的字符串类型都被存储为对象类型，也就是 object。

2.6.3 Pandas 的输入与输出

我们的数据是不是只能像上面这样手工输入呢？金融数据的数据量往往很大，手工输入显然是不现实的。Pandas 为使用者提供了非常友好的数据接口。最常用的数据存储格式是 csv、xlsx、xml 等，这些存储方式 Pandas 均可支持，同时 Pandas 也支持从数据库（MySQL、SQL Server 等）中存取。

在本书配套的资源中有一个 csv 文件，文件名为"2019_trading_data.csv"，文件中有 2019 年全市场股票的交易数据，包括日期、股票代码、收益率、总市值、流通市值、换手率、行业代码等，部分数据如图 2-14 所示。

	A	B	C	D	E	F	G	H
1	data_date	secucode	daily_return	mv	free_mv	turnover	ind_code	
2	2019/1/2	000001.SZ	-0.020256	15779608	15779457	0.003418	480000	
3	2019/1/2	000002.SZ	0.003359	23240830	23219256	0.001064	430000	
4	2019/1/2	000004.SZ	0.001871	134866.6	133319.2	0.001068	370000	
5	2019/1/2	000005.SZ	-0.003731	282629.3	282471.6	0.010301	410000	
6	2019/1/2	000006.SZ	-0.005792	695247.4	694378.6	0.009106	430000	
7	2019/1/2	000007.SZ	0.007444	281315.8	250865.8	0.047954	430000	
8	2019/1/2	000008.SZ	-0.002571	1093512	986757.9	0.009954	640000	
9	2019/1/2	000009.SZ	-0.00232	924218.3	911509.3	0.011178	510000	
10	2019/1/2	000010.SZ	0.006135	268912.3	171272.2	0.014891	620000	
11	2019/1/2	000011.SZ	0.01634	492972.8	164079.8	0.018545	430000	
12	2019/1/2	000012.SZ	-0.002506	738194.4	706489.8	0.005047	610000	
13	2019/1/2	000014.SZ	0.017223	190611.4	190611.4	0.01311	430000	
14	2019/1/2	000016.SZ	0.006173	520489.6	520483.2	0.010776	330000	
15	2019/1/2	000017.SZ	0.029817	136040.2	136038.5	0.065822	640000	
16	2019/1/2	000018.SZ	0.004717	305536.1	212059.5	0.048741	620000	
17	2019/1/2	000019.SZ	-0.002801	783759.6	296159.7	0.011732	340000	
18	2019/1/2	000020.SZ	0.000956	189680.2	189680.2	0.00429	270000	
19	2019/1/2	000021.SZ	-0.012174	835675.3	834577.8	0.005253	270000	
20	2019/1/2	000023.SZ	0.001574	176636.7	176636.7	0.015254	610000	
21	2019/1/2	000025.SZ	0.004525	721628.6	721628.6	0.002742	280000	
22	2019/1/2	000026.SZ	0.004115	261394.9	261116.4	0.00153	450000	
23	2019/1/2	000027.SZ	-0.019048	2041713	2041713	0.001694	410000	
24	2019/1/2	000028.SZ	-0.028716	1502297	1238671	0.00088	370000	
25	2019/1/2	000030.SZ	-0.005391	650448.5	645957.4	0.001879	280000	
26	2019/1/2	000031.SZ	-0.004098	881473.6	881469.3	0.004027	430000	

图 2-14　csv 文件内容

我们可以很方便地通过 Pandas 直接将这个 csv 文件中的数据读入计算机中转化为 DataFrame，然后进行一系列数据分析。读入的数据如表 2-6 所示。

```
In: trading_data_2019 = pd.read_csv('2019_trading_data.csv')

Out: trading_data_2019
```

表 2-6　从 csv 文件中读取数据

	data_date	secucode	daily_return	mv	free_mv	turnover	ind_code
0	2019/1/2	000001.SZ	−0.020256	1.58E+07	1.58E+07	0.003418	480000
1	2019/1/2	000002.SZ	0.003359	2.32E+07	2.32E+07	0.001064	430000
2	2019/1/2	000004.SZ	0.001871	1.35E+05	1.33E+05	0.001068	370000
3	2019/1/2	000005.SZ	−0.003731	2.83E+05	2.82E+05	0.010301	410000
4	2019/1/2	000006.SZ	−0.005792	6.95E+05	6.94E+05	0.009106	430000
...	...	...	...	...	...	...	...
696826	2019/12/31	603993.SH	−0.004566	9.42E+06	7.70E+06	0.026575	240000
696827	2019/12/31	603996.SH	−0.015656	1.51E+05	1.51E+05	0.047197	270000
696828	2019/12/31	603997.SH	−0.009804	8.27E+05	8.27E+05	0.003506	280000
696829	2019/12/31	603998.SH	0.023428	3.61E+05	3.61E+05	0.055506	370000
696830	2019/12/31	603999.SH	−0.027815	4.23E+05	4.23E+05	0.030791	720000

```
In: trading_data_2019.dtypes
Out:
data_date          object
secucode           object
daily_return       float64
mv                 float64
free_mv            float64
turnover           float64
ind_code           int64
dtype: object
```

我们注意到，将 csv 文件中数据读取进来之后，Pandas 会自动给数据集增加一列 index。此外，我们发现原本 ind_code 列的数据类型应当是字符串，但是从 csv 文件读取之后却是 64 位整型，这是由于受到 csv 文件存储格式限制，投资者在从 csv 文件读取数据之后，还需要将数据类型变成自己所期望的类型，否则在后续的操作中会出现错误。

```
trading_data_2019['ind_code'] =
trading_data_2019['ind_code'].astype('str')
```

上述语句将 trading_data_2019 的 ind_code 这一列的数据类型变为 "str"，语句中使用了 astype 方法。

除了上述的 csv 接口，Pandas 还有很多可以读取数据的方式，包括 excel 文件、hdf 文件、html 数据文件、数据库等。

除了读取数据外，有时候我们也希望将处理过的数据保存成本地的文件，以方便在后续工作或在别的工作情景中使用。这就涉及 Pandas 的数据输出。Pandas 同样也为使用者提供了强大的数据输出功能。

例如，将上一数据集原封不动地保存为 csv 文件，执行下面的语句即可。

```
In: trading_data_2019.to_csv('trading_data_2019_new.csv')
```

我们会发现，当前的 notebook 所在的文件夹中会生成一个名称为 "trading_data_2019_new" 的 csv 文件。打开这一文件后会发现 DataFrame 中的 index 也会被保存下来，部分数据信息如图 2-15 所示。

	A	B	C	D	E	F	G	H
1		data_date	secucode	daily_return	mv	free_mv	turnover	ind_code
2	0	2019/1/2	000001.SZ	-0.020256	15779608	15779457	0.003418282	480000
3	1	2019/1/2	000002.SZ	0.003359	23240830	23219256	0.001063816	430000
4	2	2019/1/2	000004.SZ	0.001871	134866.6	133319.2	0.001068113	370000
5	3	2019/1/2	000005.SZ	-0.003731	282629.3	282471.6	0.010300503	410000
6	4	2019/1/2	000006.SZ	-0.005792	695247.4	694378.6	0.009105931	430000
7	5	2019/1/2	000007.SZ	0.007444	281315.8	250865.8	0.047953924	430000
8	6	2019/1/2	000008.SZ	-0.002571	1093512	986757.9	0.009954464	640000
9	7	2019/1/2	000009.SZ	-0.00232	924218.3	911509.3	0.011178384	510000
10	8	2019/1/2	000010.SZ	0.006135	268912.3	171272.2	0.014891109	620000
11	9	2019/1/2	000011.SZ	0.01634	492972.8	164079.8	0.018544632	430000
12	10	2019/1/2	000012.SZ	-0.002506	738194.4	706489.8	0.005047222	610000
13	11	2019/1/2	000014.SZ	0.017223	190611.4	190611.4	0.013110396	430000
14	12	2019/1/2	000016.SZ	0.006173	520489.6	520483.2	0.010775529	330000
15	13	2019/1/2	000017.SZ	0.029817	136040.2	136038.5	0.065821586	640000
16	14	2019/1/2	000018.SZ	0.004717	305536.1	212059.5	0.048741216	620000
17	15	2019/1/2	000019.SZ	-0.002801	783759.6	296159.7	0.011731829	340000
18	16	2019/1/2	000020.SZ	0.000956	189680.2	189680.2	0.004289853	270000
19	17	2019/1/2	000021.SZ	-0.012174	835675.3	834577.8	0.005253285	270000
20	18	2019/1/2	000023.SZ	0.001574	176636.7	176636.7	0.015254475	610000
21	19	2019/1/2	000025.SZ	0.004525	721628.6	721628.6	0.002741722	280000
22	20	2019/1/2	000026.SZ	0.004115	261394.9	261116.4	0.001530237	450000

图 2-15　含有 index 的 csv 文件

有时候 index 是有特定含义的唯一标识，有时候则是没有意义的数据。如果它是没有意义的数据，那么我们在进行数据输出保存的时候可以通过设置，使得 index 不输出到本地文件。下面这一语句就会使保存的 csv 文件中没有 index 数据列。

```
In: trading_data_2019.to_csv('trading_data_2019_new.csv',index=False)
```

当然，Pandas 除了可以将数据保存成 csv 文件之外，还可以将其保存为 excel、hdf 等类型的文件，也可以直接对接数据库，将数据插入数据库中。

例如，如果我们想将上述数据保存成 hdf 文件，则进行如下操作即可。

```
In:trading_data_2019.to_hdf('trading_data_2019_new.h5',key='data')
```

在文件夹中会生成一个 trading_data_2019_new.h5 的文件。

2.6.4　DataFrame 的数据选取

这一部分我们主要介绍 DataFrame 自带的一些基本操作。

在读入 2019 年股票市场交易数据之后，我们会发现行情数据很长，共有 696 831 条记录。

有时候使用者可能只想查看一下数据集首尾的数据情况。在 DataFrame 中，使用 head 和 tail 这两个方法可以很方便地查看数据的首尾记录。

head 方法可以查看 DataFrame 首部的数据，传入的参数就是希望查看的行数，前三行数据如表 2-7 所示。如果不输入参数，则默认是前 5 行，读者可以自行尝试。同样的道理，tail 方法就是查看尾部的部分数据，在此不再赘述。

```
In:trading_data_2019.head(3)

Out:
```

表 2-7　前 3 行数据

	data_date	secucode	daily_return	mv	free_mv	turnover	ind_code
0	2019/1/2	000001.SZ	−0.020256	1.58E+07	1.58E+07	0.003418	480000
1	2019/1/2	000002.SZ	0.003359	2.32E+07	2.32E+07	0.001064	430000
2	2019/1/2	000004.SZ	0.001871	1.35E+05	1.33E+05	0.001068	370000

在通常情况下，读入了一个数据集合后，并不是所有的数据记录都是我们需要使用的，更多的时候我们会根据自己的需要对数据内容进行筛选。

前面分析过，DataFrame 其实是一个数据表，也就是由行和列构成的数据集合，因此数据的筛选就可以从两个部分展开：一个是列筛选，另一个是行筛选。

列的筛选相对而言比较简单。我们继续使用之前导入的 2019 年的股票行情数据集。如果现在只需要用到交易日期（data_date）、股票代码（secucode）和行业的涨跌幅（daily_return）这 3 列，我们可以进行下面这样的筛选，如表 2-8 所示。

```
In:
target_df = trading_data_2019[['data_date', 'secucode', 'daily_return']]
target_df

Out:
```

表 2-8　列筛选后的数据

	data_date	secucode	daily_return
0	2019/1/2	000001.SZ	−0.020256
1	2019/1/2	000002.SZ	0.003359
2	2019/1/2	000004.SZ	0.001871
3	2019/1/2	000005.SZ	−0.003731
4	2019/1/2	000006.SZ	−0.005792
...	...	...	...
696826	2019/12/31	603993.SH	−0.004566
696827	2019/12/31	603996.SH	−0.015656
696828	2019/12/31	603997.SH	−0.009804
696829	2019/12/31	603998.SH	0.023428
696830	2019/12/31	603999.SH	−0.027815

可以看到，进行列筛选非常简单，只需要写一个列表，把想要的列名放入即可。

需要提醒读者的是，在列的选取操作中 DataFrame 后面的内容并不是一个二维列表，外面的 "[]" 代表对这一 DataFrame 进行筛选，里面的列表是我们需要的内容。当然，如果我们只希望获取一列，那么可以把这一列的列名放入列表中，而筛选之后的结果是 Series 还是 DataFrame，读者可以自行尝试。

在了解了列的筛选之后，我们继续讨论行的筛选。行的筛选往往是出于满足某种条件的需要。例如我们需要某一个交易日的行情数据或涨跌幅度大于某一阈值的行情记录，结果如表 2-9 所示。

```
In:
target_df[target_df['data_date'] == '2019-05-27']


Out:
```

表 2-9　行的筛选

	data_date	secucode	daily_return
334461	2019/5/27	000001.SZ	0.001619
334462	2019/5/27	000002.SZ	0.006711
334463	2019/5/27	000004.SZ	0.087059

续表

	data_date	secucode	daily_return
334464	2019/5/27	000005.SZ	0.019802
334465	2019/5/27	000006.SZ	0.045372
...	...	...	...
338036	2019/5/27	603991.SH	0.035249
338037	2019/5/27	603993.SH	0.015464
338038	2019/5/27	603997.SH	0.030383
338039	2019/5/27	603998.SH	0.03782
338040	2019/5/27	603999.SH	0.033028

这里，我们通过一个逻辑判断式将"2019-05-27"这一天的行情数据筛选了出来。当然，这个逻辑判断也可以是大于或者小于。如果将代码改成：

```
target_df[target_df['data_date'] > '2019-05-27']
```

就会筛选出 2019 年 5 月 27 日之后的行情数据。同样地，我们也可以对其他列进行逻辑判断，实现数据的筛选。

有时候我们会进行多个标准的筛选。例如，我们现在需要筛选出 2019 年 5 月 27 日这天上涨幅度大于 9%的股票，就可以将两个条件一起放入逻辑筛选中，结果如表 2-10 所示。

```
In:
target_df[(target_df['data_date'] == '2019-05-27') &
(target_df['daily_return'] > 0.09)]


Out:
```

表 2-10　逻辑筛选结果

	data_date	secucode	daily_return
334474	2019/5/27	000017.SZ	0.099291
334672	2019/5/27	000655.SZ	0.099624
334726	2019/5/27	000722.SZ	0.099846
334735	2019/5/27	000733.SZ	0.1
334824	2019/5/27	000880.SZ	0.100637
...	...	...	...

续表

	data_date	secucode	daily_return
337879	2019/5/27	603668.SH	0.100198
337892	2019/5/27	603690.SH	0.097199
337908	2019/5/27	603716.SH	0.1
337923	2019/5/27	603757.SH	0.100226
337996	2019/5/27	603906.SH	0.099785

这一条件运行的结果就是帮我们筛选出了满足这一要求的记录。这里有一个细节需要注意，当我们使用联合逻辑判断进行数据筛选的时候，需要将多个逻辑判断式用"&"或者"|"联合起来，"&"代表逻辑"与"，"|"代表逻辑"或"。同时，每一个逻辑判断式都需要用括号包起来。这是 Pandas 的语法要求。例如，在筛选 2019 年 5 月 27 日收益率大于 9%的股票记录的时候，我们使用的是如下的逻辑筛选条件：

```
(target_df['data_date'] == '2019-05-27') & (target_df['daily_return'] >
0.09)
```

两个逻辑式都使用"()"包起来了。

如果需要的是 2019 年 5 月 27 日的股票或所有收益率大于 9%的股票，那么只需要将上面代码中的"&"变成"|"即可。

```
(target_df['data_date'] == '2019-05-27') | (target_df['daily_return'] >
0.09)
```

上面数据的筛选过程是通过特定的逻辑条件进行判断的，进而能获得新的数据集。除此之外，Pandas 中还有一种场景通过行记录的位置来对数据进行筛选，就是使用"iloc"方法。这一方法的使用过程与列表的切片选取操作十分类似。

例如，当我们希望获得 trading_data_2019 这一 DataFrame 第 5 到第 9 行（不包括第 9 行）的数据时，可以进行如下操作，结果如表 2-11 所示。

```
In:trading_data_2019.iloc[4:8]

Out:
```

表 2-11　切片操作结果

	data_date	secucode	daily_return	mv	free_mv	turnover	ind_code
4	2019/1/2	000006.SZ	−0.005792	695247.449	694378.606	0.009106	430000
5	2019/1/2	000007.SZ	0.007444	281315.812	250865.812	0.047954	430000
6	2019/1/2	000008.SZ	−0.002571	1093511.97	986757.866	0.009954	640000
7	2019/1/2	000009.SZ	−0.00232	924218.338	911509.298	0.011178	510000

由结果可知，iloc 后面的切片数字与列表等操作一致，4:8 代表从第 5 行开始一直到第 9 行，其中包含第 5 行但是不包含第 9 行。相应地，DataFrame 中的 index 就是 4、5、6、7。

iloc 除了可以对行进行选择，也可以对列进行选择，中间使用逗号进行分隔，同时遵循先行切片、后列切片的规则，如表 2-12 所示。

```
In:trading_data_2019.iloc[4:8, 2:-1]

Out:
```

表 2-12　行列切片操作结果

	daily_return	mv	free_mv	turnover
4	−0.005792	695247.449	694378.606	0.009106
5	0.007444	281315.812	250865.812	0.047954
6	−0.002571	1093511.97	986757.866	0.009954
7	−0.00232	924218.338	911509.298	0.011178

可以看到，[4:8, 2:-1]的切片操作代表在获取第 5 到第 9 行（不包括第 9 行）的同时，也获取了第 3 列到最后一列（不包括最后一列）的数据。因此，切片后的结果只有 daily_return, mv, free_mv, turnover 4 列。

通过切片操作也可以获取某一个指定位置的数值。

```
In: trading_data_2019.iloc[4, 2]
Out: -0.005792
```

上面的操作获得了整个 DataFrame 中第 5 行、第 3 列的数据。

2.6.5　Pandas 的排序

在实际的数据清洗、观察过程中，我们经常会对数据进行排序操作。排序操作在 Pandas 中也十分便捷。

在 Pandas 中，排序用到的方法是"sort_values"，后面的参数是指按照某一列或者多列进行排序的。我们将 2019 年整个股票市场的数据按照公司的市值来排序，结果如表 2-13 所示。

```
In: trading_data_2019.sort_values(by='mv')

Out:
```

表 2-13　市值排序

	data_date	secucode	daily_return	mv	free_mv	turnover	ind_code
578219	2019/11/7	600747.SH	−0.1071	3.66E+04	2.66E+04	0.286579	270000
586855	2019/11/13	600747.SH	−0.0385	3.66E+04	2.66E+04	1.179392	270000
591169	2019/11/15	600747.SH	−0.0385	3.66E+04	2.66E+04	0.455687	270000
593328	2019/11/18	600747.SH	0	3.66E+04	2.66E+04	0.612252	270000
595487	2019/11/19	600747.SH	0	3.66E+04	2.66E+04	0.331976	270000
...	...	...	...	...	...	...	...
670805	2019/12/20	601398.SH	0.001686	2.12E+08	1.60E+08	0.00075	480000
565548	2019/10/30	601398.SH	0.0068	2.12E+08	1.60E+08	0.000769	480000
578494	2019/11/7	601398.SH	−0.005	2.12E+08	1.60E+08	0.000687	480000
559066	2019/10/25	601398.SH	0.0101	2.13E+08	1.61E+08	0.001096	480000
576335	2019/11/6	601398.SH	0.0101	2.13E+08	1.61E+08	0.000971	480000

我们发现，Pandas 对数据集的 mv 这一列进行了从小到大的排序，这也是 Pandas 默认的排序方式。我们可以设置参数 ascending 来调节降序或升序，如果这一参数为 True（默认值），那么为从小到大的升序排列；如果设置为 False，则是从大到小的降序排列，如表 2-14 所示。

```
In:trading_data_2019.sort_values(by='mv',ascending=False)

Out:
```

表 2-14　市值降序排列

	data_date	secucode	daily_return	mv	free_mv	turnover	ind_code
576335	2019/11/6	601398.SH	0.0101	2.13E+08	1.61E+08	0.000971	480000
559066	2019/10/25	601398.SH	0.0101	2.13E+08	1.61E+08	0.001096	480000
578494	2019/11/7	601398.SH	−0.005	2.12E+08	1.60E+08	0.000687	480000
565548	2019/10/30	601398.SH	0.0068	2.12E+08	1.60E+08	0.000769	480000
670805	2019/12/20	601398.SH	0.001686	2.12E+08	1.60E+08	0.00075	480000
...	...	...	...	...	...	...	...
593328	2019/11/18	600747.SH	0	3.66E+04	2.66E+04	0.612252	270000
595487	2019/11/19	600747.SH	0	3.66E+04	2.66E+04	0.331976	270000
578219	2019/11/7	600747.SH	−0.1071	3.66E+04	2.66E+04	0.286579	270000
591169	2019/11/15	600747.SH	−0.0385	3.66E+04	2.66E+04	0.455687	270000
586855	2019/11/13	600747.SH	−0.0385	3.66E+04	2.66E+04	1.179392	270000

有时候这样的排序并不能获得我们想要的结果，我们需要首先按照日期排序，然后按照市值排序，这样就可以清晰地看出每一天公司市值大小的顺序了。这个时候排序的条件就是多个列的名称组成的列表，如表 2-15 所示。

```
In:trading_data_2019.sort_values(by=['data_date','mv'],ascending
=False)

Out:
```

表 2-15　多个条件排序

	data_date	secucode	daily_return	mv	free_mv	turnover	ind_code
696250	2019/12/31	601398.SH	−0.001698	2.10E+08	1.59E+08	0.000883	480000
696329	2019/12/31	601939.SH	0	1.81E+08	6.94E+06	0.008286	480000
696234	2019/12/31	601318.SH	−0.005006	1.56E+08	9.26E+07	0.000467	490000
695770	2019/12/31	600519.SH	−0.002361	1.49E+08	1.49E+08	0.000015	340000
696231	2019/12/31	601288.SH	−0.008065	1.29E+08	1.18E+08	0.00167	480000
...	...	...	...	...	...	...	...
656	2019/1/2	002200.SZ	0.008929	1.04E+05	7.44E+04	0.014752	110000
1056	2019/1/2	002604.SZ	−0.012048	9.83E+04	8.33E+04	0.113548	110000
1402	2019/1/2	300029.SZ	0.00432	9.30E+04	9.30E+04	0.013042	640000
449	2019/1/2	000995.SZ	−0.049618	8.83E+04	8.83E+04	0.047844	340000
715	2019/1/2	002260.SZ	−0.04321	8.22E+04	8.22E+04	0.188046	330000

通过排序可以清楚地看到，在 2019 年最后一个交易日，市值最大的公司是工商银行（601398.SH），其次是建设银行（601939.SH）、中国平安（601318.SH）。

2.6.6　统计描述与分组

在数据处理的过程中，仅看原始数据并不能获得什么信息，更多地需要考察数据集的一些统计特性。Pandas 作为数据处理极好的帮手，给我们提供了一些快捷分析方法和方便的数据处理语句。

我们可以利用 DataFrame 的"descripe"方法快速查看数据集中数据的特征。例如查看之前数据集的特征，结果如表 2-16 所示。

```
In: trading_data_2019.describe()

Out:
```

表 2-16　数据集特征

	daily_return	mv	free_mv	turnover
count	696831	6.97E+05	6.97E+05	696831
mean	0.001487	1.68E+06	1.33E+06	0.027431
std	0.028444	7.62E+06	6.08E+06	0.043987
min	−0.452893	3.66E+04	2.10E+04	0.000002
25%	−0.012412	2.89E+05	2.05E+05	0.006299
50%	0.000441	4.83E+05	3.75E+05	0.01404
75%	0.0141	1.03E+06	8.21E+05	0.030883
max	0.440594	2.13E+08	1.62E+08	5.665167

上面的"descripe"方法把 DataFrame 中的所有数值类型的数据都进行了汇总，给使用者提供了一些数据集的基本统计特征。

以 daily_return 为例，可以看到，这一列一共有 696831 个数值（count），该列的均值是 0.001487（mean），标准差为 0.028444（std）；min、25%、50%、75%、max 分别代表的是这一列数据中的最小值、25 分位数、50 分位数、75 分位数和最大值。通过考察这些简单的统计量，我们可以对这一列的数据有一个简单的认识。

当然，我们也可以按照自己的需求来获取相应的统计量。例如我们想获取中国平安这只股票在 2019 年每天涨幅的均值，就可以通过使用筛选语句和 mean 方法来获得。

```
In: trading_data_2019[trading_data_2019['secucode'] == '601318.SH']
['daily_return'].mean()
Out: 0.0019010276229600841
```

从上面的结果可以看出，中国平安在 2019 年日涨跌幅的均值约为-0.19%。那么，我们如何获得每一只股票在这一年日涨跌幅的均值呢？

如果不了解 Pandas 的一些简便的功能，那么读者很可能会使用 for 循环来计算。其实在 Pandas 里面，有一个很好的方法来解决这种分组计算问题，那就是 "groupby-apply" 方法。

根据需求，我们要计算每一只股票日涨跌幅的均值，应该先对数据集按照股票代码进行分组，每一组代表的是某一只股票的行情数据。然后对分组之后的数据集都进行 daily_return 上的均值求取。

```
In:
trading_data_2019.groupby('secucode')['daily_return'].apply(np.mean)

Out:
secucode
000001.SZ 0.003033
    000002.SZ 0.002508
    000004.SZ 0.005777
    000005.SZ 0.001792
    000006.SZ 0.001288
    ...
    603993.SH 0.000941
    603996.SH -0.001068
    603997.SH 0.000530
    603998.SH 0.003151
    603999.SH 0.002245
Name: daily_return, Length: 3661, dtype: float64
```

这一部分相对而言理解起来有一些难度。上面的"groupby-apply"代码其实可以分成以下 4 个部分来分析，如下所示。

```
trading_data_2019.groupby('secucode')[1]['daily_return'][2].apply[3](np.mean[4])
```

第 1 部分很简单，使用"groupby"方法让数据集按照股票代码来归类。同一只股票代码的数据归为一类。经过 groupby 处理之后，其实数据集内部变成了很多个子数据集，子数据集的数量和股票代码的个数一致。例如在我们的数据集中，2019 年共有 3661 只股票，因此经过 groupby 处理之后其实形成了 3661 个子数据集。

第 2 部分表示提取所有子数据集中的 daily_return 这一列的数据。第 3 部分表示将第 4 部分的函数（求取均值）作用于（apply）前面提取出来的每个子数据集上，np.mean 这个函数在介绍 NumPy 的时候已经介绍过了。

经过分部分解释之后，上面的代码的含义就很容易理解了，其输出的结果就是每只股票的收益率均值。

第 4 部分的函数可以根据使用者的需求自由选择。例如可以计算标准差、求和，当然也可以是自己定义的函数。

下面写一个计算累计收益率的函数，来展示一下如何在"groupby-apply"中使用自己定义的函数。

```
In:
def return_cal(return_ser):
    return np.product(return_ser + 1)
```

累计求和的函数相对而言比较简单，将传入的每天单独的收益率数据加 1，然后使用 NumPy 自带的乘积函数 product 进行相乘。

```
In:trading_data_2019.groupby('secucode')['daily_return'].apply(return_cal)
Out:
secucode
000001.SZ 1.402309
000002.SZ 1.316183
000004.SZ 1.770223
```

```
000005.SZ 1.195688
000006.SZ 1.137418
...
603993.SH 1.192027
603996.SH 0.666940
603997.SH 1.056684
603998.SH 1.785746
603999.SH 1.521466
Name: daily_return, Length: 3661, dtype: float64
```

这里我们可以清晰地看到每只股票这一年的涨跌幅度。例如 000006.SZ 这只股票在这一年上涨了约 13.7%，而 603996.SH 的跌幅较大。

2.6.7 Pandas 的数据可视化

在前面的部分，我们其实已经介绍过了 Matplotlib，Pandas 中的数据可视化其实就是调用 Matplotlib 来进行图形绘制的。使用 Pandas 绘图比直接使用 Matplotlib 绘图要方便得多。

这一部分我们从计算一个平均指数开始。平均指数的编制规则就是将当天所有上市交易股票的收益率取均值，作为当天指数的收益率。指数的起始点为 2019 年 1 月 2 日早上开盘，基准点数为 1000。

先利用 "group-apply" 计算出每一个交易日全市场股票收益率的均值，然后将这一均值进行加 1 累计相乘，计算累计收益率，从而获得这一平均指数在每一天的点位。

```
In:
daily_average_return = trading_data_2019.groupby('data_date')
['daily_return'].apply(np.mean)
daily_average_return
Out:
data_date
2019-01-02 -0.002348
2019-01-03 -0.005499
2019-01-04 0.025407
```

```
2019-01-07 0.020102
2019-01-08 -0.000809
...
2019-12-25 0.002604
2019-12-26 0.008738
2019-12-27 -0.006098
2019-12-30 0.005178
2019-12-31 0.005597
Name: daily_return, Length: 244, dtype: float64
```

接下来，我们绘制 daily_average_return 这一序列的折线图和分布直方图。

```
In:daily_average_return.plot()
```

上面这一语句可以快速获得数据的收益率折线图（如图 2-16 所示）。

Pandas 中的 plot 方法可以很直观地绘制出折线图，向 plot 中设置参数可以改变图形的大小、分辨率等。例如设置 figsiz 可以将图片调得更大，读者可以自行尝试下面的语句。

```
In:daily_average_return.plot(figsize=(19,18))
```

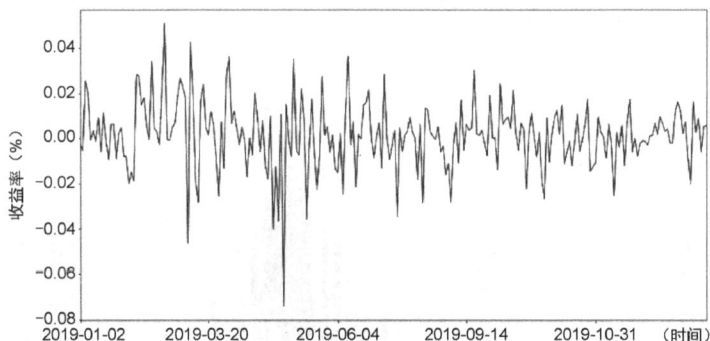

图 2-16　收益率折线图

对于日度收益率这一类的数据，仅仅观察折线图并没有特别大的意义，因为我们只知道日度收益率在 0 附近上下波动。对于收益率数据，我们更加关注的是收益率的分布。在 Pandas 中绘制分布图也是非常简单的事情，使用 Hist 方法就可以完成。

```
In:daily_average_return.hist(bins=50)
```

得到的收益率分布直方图如图 2-17 所示。

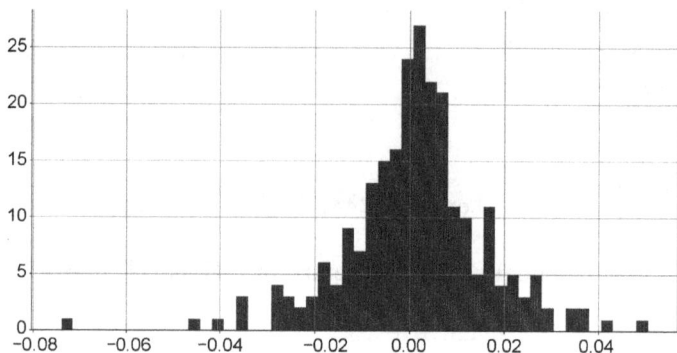

图 2-17　收益率分布直方图

Hist 是英文单词 Histogram 的前四个字母，用于绘制直方图。通过设置 bins 参数可以设置在直方图绘制过程中划分的区间个数。例如可以将 bins 调大，则划分的间隔缩小，使直方图更加细致，如图 2-18 所示。

```
In:daily_average_return.hist(bins=100)

Out:
```

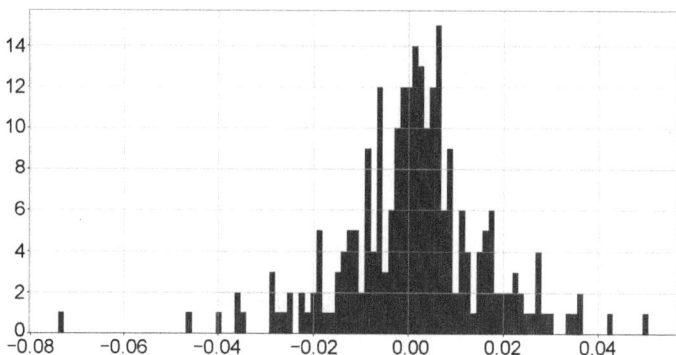

图 2-18　小间距的收益率分布直方图

接下来我们可以绘制累计收益率数值曲线了（如图 2-19 所示）。

```
In: ((daily_average_return+1).cumprod() * 1000).plot()
```

这里，cumprod 方法内置在 Pandas 中，可以计算出数值的累计乘积。数值要乘以 1000 是因为先前我们规定这一平均指数的基准为 1000 点。

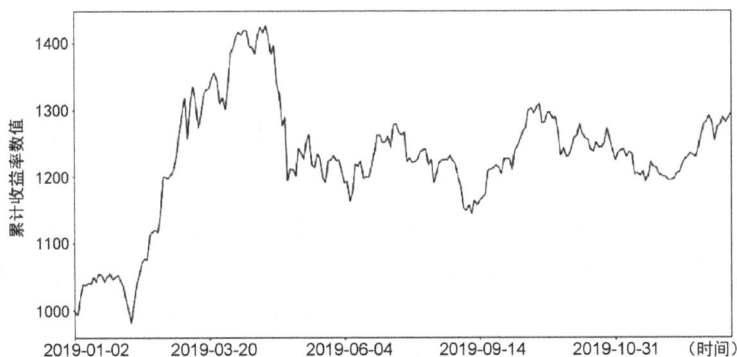

图 2-19　累计收益率数值曲线

除了折线图和分布直方图，在量化投资中还有一种十分常用的图形就是散点图。在 Pandas 中绘制散点图也十分简单，使用 scatter 方法就可以轻松绘制。

在绘制散点图的时候，我们往往会观察两个变量之间的相关性。通过观察历史行情，可以知道股票的换手率和流通市值的关系，下面我们来绘制相关的散点图（如图 2-20 所示）。

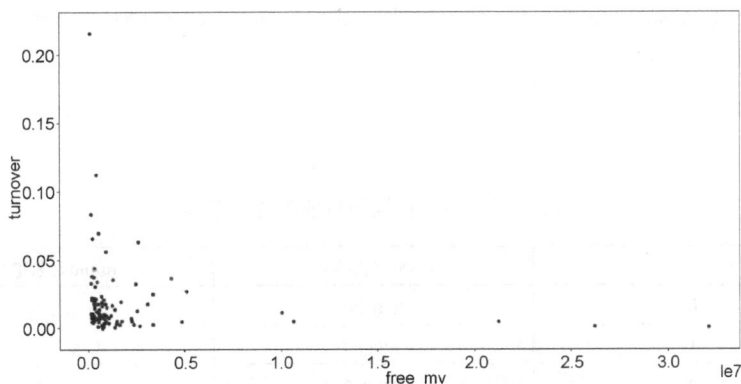

图 2-20　流通市值与换手率散点图

```
In:
trading_data_2019[trading_data_2019.data_date == '2019-05-27']
.head(100).plot.scatter(y='turnover', x='free_mv', figsize=(18, 9))
```

可以看到，较大的市值往往对应着较小的换手率。

2.6.8 多个 DataFrame 处理

前面我们讨论的都是对一个 DataFrame 的处理，而本节将要涉及多个 DataFrame 的处理。

本节核心是将多个 DataFrame 整合为一个 DataFrame，该功能的使用场景通常是数据集存储于两个 DataFrame 中，而我们需要同时处理或利用两者的信息。比如，上述代码 "trading_data_2019" 中含有行业的代码，但是没有这个行业的中文名称。而行业代码到行业名称的映射在另一个数据集中。这个时候就需要进行多个 DataFrame 的信息整合处理。再比如，有时候我们的数据集会出于某种原因分散为多个文件：每一年都有一份行情数据，而当我们需要所有年份的行情数据时，就需要将多个 DataFrame 拼接起来。

我们先来介绍如何将行业的映射文件与行情文件整合起来。Pandas 中给这种横向整合的情形提供了一个方法：merge。我们先从本地文件中读取行业代码与行业名称的映射，代码如下，映射表如表 2-17 所示。

```
In:ind_name = pd.read_csv('ind_name.csv', dtype={'code':str})
   ind_name

Out:
```

表 2-17　行业代码与行业名称映射表

	code（代码）	name（名称）
0	210000	mining
1	220000	chemical
2	230000	steel
3	240000	non ferrous
4	610000	building materials
5	620000	architectural decoration
6	630000	electrical equipment
7	640000	mechanical equipment

续表

	code（代码）	name（名称）
8	650000	national defense and military industry
9	280000	auto
10	330000	appliances
11	360000	light industry manufacturing
12	110000	agriculture
13	340000	food and beverage
14	350000	textile and clothing
15	370000	medical biology
16	450000	commercial trade
17	460000	leisure services
18	270000	electronic
19	710000	computer
20	720000	media
21	730000	communications
22	410000	utilities
23	420000	transportation
24	430000	real estate
25	480000	bank
26	490000	non-bank finance
27	510000	comprehensive

细心的读者会注意到，这里的代码中增加了一个 dtype 参数，我们就来简单讲一下这个参数的作用。

前面的内容中讨论过行情数据集读入之后的 ind_code 会被自动设定为 64 位整型，所以需要手动转化为字符串类型。而 Pandas 其实已经考虑到了这一点，所以在一些变量类型读取过程中，可以通过 dtype 参数来设置读取内容的数据类型。例如，上述的设置 "dtype={'code':str}" 就可以使得在文件读入之后，code 这一列的数据类型自动被读取为字符串类型。

接下来要做的就是根据 ind_code 将行情数据与行业映射数据整合在一起。表 2-18 为主表，我们看到，表 2-18 的最后一列是该股票的行业代码，但是表中看不到这一行业代码代表的行业名称；而表 2-17 则是行业代码与行业名称的对应表，我们希望做到的是数据表 2-18 中的行业代码查找对应的行业名称，达到的效果如表 2-19 所示。

表 2-18　主表

	data_date	secucode	daily_return	mv	free_mv	turnover	ind_code
576335	2019/11/6	601398.SH	0.0101	2.13E+08	1.61E+08	0.000971	480000
559066	2019/10/25	601398.SH	0.0101	2.13E+08	1.61E+08	0.001096	480000
578494	2019/11/7	601398.SH	−0.005	2.12E+08	1.60E+08	0.000687	480000
565548	2019/10/30	601398.SH	0.0068	2.12E+08	1.60E+08	0.000769	480000
670805	2019/12/20	601398.SH	0.001686	2.12E+08	1.60E+08	0.00075	480000
...	...	...	...	...	...	...	...
593328	2019/11/18	600747.SH	0	3.66E+04	2.66E+04	0.612252	270000
595487	2019/11/19	600747.SH	0	3.66E+04	2.66E+04	0.331976	270000
578219	2019/11/7	600747.SH	−0.1071	3.66E+04	2.66E+04	0.286579	270000
591169	2019/11/15	600747.SH	−0.0385	3.66E+04	2.66E+04	0.455687	270000
586855	2019/11/13	600747.SH	−0.0385	3.66E+04	2.66E+04	1.179392	270000

表 2-19　映射后的效果

data_date	secucode	daily_return	mv	free_mv	turnover	Ind_code	name
2019/1/2	000001.SZ	−0.020256	1.58E+07	1.58E+07	0.003418	480000	bank
2019/1/2	000002.SZ	0.003359	2.32E+07	2.32E+07	0.001064	430000	real estate
2019/1/2	000004.SZ	0.001871	1.35E+05	1.33E+05	0.001068	370000	medical biology
2019/1/2	000005.SZ	−0.003731	2.83E+05	2.82E+05	0.010301	410000	utilities
2019/1/2	000006.SZ	−0.005792	6.95E+05	6.94E+05	0.009106	430000	real estate
...	...	...	...	...	...	...	...
2019/12/31	603993.SH	−0.004566	9.42E+06	7.70E+06	0.026575	240000	non ferrous
2019/12/31	603996.SH	−0.015656	1.51E+05	1.51E+05	0.047197	270000	Electronic
2019/12/31	603997.SH	−0.009804	8.27E+05	8.27E+05	0.003506	280000	auto
2019/12/31	603998.SH	0.023428	3.61E+05	3.61E+05	0.055506	370000	medical biology
2019/12/31	603999.SH	−0.027815	4.23E+05	4.23E+05	0.030791	720000	media

```
In:
pd.merge(trading_data_2019, ind_name.rename(columns={'code':
'ind_code'}), on='ind_code', how='left')


Out:
```

上面的代码展示了如何将两个 DataFrame 根据某一个列来进行合并。这里提醒读者注意以下几点。

一是传入的两个 DataFrame 必须有相同的列名。上面的例子中，"ind_name" 这个 DataFrame 中行业代码的列名为"code"，所以在上面的代码中使用 rename 方法将其列名改为"ind_code"，与 trading_data_2019 保持一致。读者可以单独使用 rename 这一方法进行观察。

二是通过参数 on 来设置用于合并的列名，合并的列我们称之为合并轴。在上述的例子中，合并轴就是两个 DataFrame 的 ind_code 列。

三是通过 how 来设置整合过程中的模式。how 共有 4 种参数可选：left、right、outer、inner。其中 left 表示合并过程以左侧 DataFrame 为主（即第 1 个传入的 DataFrame），采用左侧的合并轴来合并，最后整合完成的数据集数据和左侧的数据集数据长度一致；right 同理，以右侧的 DataFrame 为主；outer 表示最终合并的结果是一个并集，是两个合并轴并集的数目；inner 则表示交集。

在上面使用 merge 的例子中，我们对 DataFrame 进行了横向合并。还有一种 DataFrame 的合并是纵向合并，也就是将表征同一件事情的多个 DataFrame 首尾衔接起来。

为简单起见，我们将"trading_data_2019"这一 DataFrame 分割为 3 个部分作为示例。

```
In:
part1 = trading_data_2019.iloc[:9]
part2 = trading_data_2019.iloc[9:-10]
part3 = trading_data_2019.iloc[-10:]
total = pd.concat([part1, part2, part3])
```

读者可以自行验证，最后使用"concat"组合起来的 DataFrame 是不是和原来的一样。Pandas 中的 concat 就是将一系列具有相同列名的分裂数据集合在一起的函数，我们只需要将分裂的数据集整理到一个列表当中就可以了。

Pandas 的入门知识就介绍到这里，在本书后续的代码中，遇到新的 Pandas 使用方法时，笔者会加以提示。读者朋友们也可以通过互联网等渠道继续学习 Pandas 的技巧和功能，笔者强烈推荐 Pandas 官网的学习文档，读者可自行查看。

第 3 章

3

量化的概率统计基础

量化投资的核心是投资的理念,工具是计算机程序,而架设在理念和工具之间的就是概率统计。

本章的内容将尽可能地绕过数学的公式和抽象的推导,而更多地通过程序来帮助大家理解概率统计知识。

在进入正题之前,我们需要引入一个概念——随机变量。其实概率统计从头到尾就是在和随机变量打交道。众所周知,金融市场充满了不确定性,在不确定的世界里,随机变量是基本的语言,而描述随机变量的工具就是概率分布。在量化投资的世界里,有一个随机变量是我们最关心的:股票的收益率。

对于量化投资而言,股票每天的涨跌就是一个随机变量。以中国平安为例,表 3-1 就是中国平安某一段时间的涨跌幅数据。

表 3-1 中国平安某一段时间日度涨跌幅

日期	当天涨跌幅(%)
2010/1/4	-2.18
2010/1/5	1.26
2010/1/6	-2.13
2010/1/7	-1.85
2010/1/8	-0.59
2010/1/11	0.50

续表

日期	当天涨跌幅（%）
2010/1/12	0.94
2010/1/13	-4.81
2010/1/14	1.31
2010/1/15	0.20
2010/1/18	-1.47
2010/1/19	0.50
2010/1/20	-3.20
2010/1/21	1.98

单纯地观察表中的数字并不直观，更多时候我们希望能够将其分布绘制成图形。我们利用 Pandas 绘制中国平安从 2013 年年初到 2020 年年初收益率的涨跌幅分布图（如图 3-1 所示）。行情数据文件位于资源下载目录下的"zgpa_data.h5"文件中。

```
In:
zgpa_return = pd.read_hdf('zgpa_data.h5')['daily_return'] zgpa_
return.hist(bins=100)
```

```
Out:
```

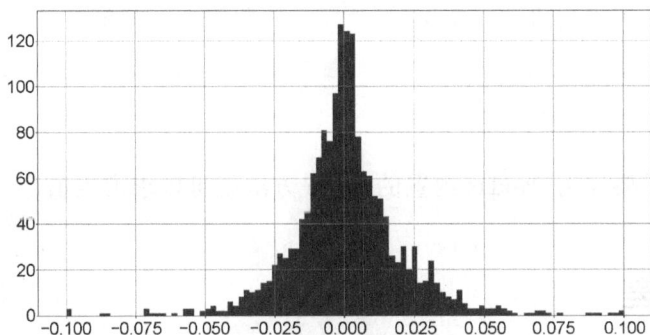

图 3-1　中国平安收益率涨跌幅分布直方图

图 3-1 这个分布看起来很直观，绝大部分日度涨跌幅都在 0 附近；所有的涨跌幅都在-10%到 10%之间，这是由我国股市的涨跌停制度造成的。虽然上面的分布图在视觉上很直观，但是有些特点仍无法量化。在直观上相近的两个

分布，实际上可能存在较大的差异。我们需要有一系列可以量化的指标来描述分布的特点。于是，聪明的统计学家提出了用于刻画分布的四个矩，也就是从四个维度去考察一个分布。

3.1 分布的四个"矩"

3.1.1 期望

分布的一阶矩就是我们最熟悉的均值，它在统计学中叫作期望。所谓期望，就是我们对某件事物的期许。如果我们对随机变量没有额外的判断，那么对随机变量的期许就是均值。

其用数学公式来表达就是：

$$\mu = \frac{1}{n}\sum_{i=1}^{n}x_i$$

式中，x_i 是随机变量的取值，μ 就是这一随机变量的期望。例如，在考察一只股票的收益率时，我们可对这只股票某段时间内的日度涨跌幅求取均值，然后将其作为下一个交易日这只股票涨跌幅大小的期望。

在 Pandas 中，求取一个随机变量样本的期望十分简单。

```
In: zgpa_return.mean()
Out: 0.00099171781567254495
```

我们只需要使用 Pandas 内置的 mean 方法就可以求取均值。

3.1.2 方差

我们知道，均值或者说期望在很多时候是不足以刻画一个随机变量的。两个分布的均值可以是一样的，但是视觉上可能有很大不同。例如，有两个随机序列的样本，A 的样本取值为 1,1,1,1,1,1,1,1,1；B 的样本取值为 3,-1,3,-1,3,-1,3,-1。经过计算，这两个样本的均值都是 1，但是两个样本一定来自截然不同的两个随机变量的取值。如果我们希望对一个随机变量有进一步的了解，就需要观察样本的其他特性。

方差又被叫作分布的二阶中心矩，简称为二阶矩。方差的求取也较为简单，即原始数据减去均值后的平方的均值，计算公式如下：

$$\sigma^2 = \frac{1}{n}\sum_{i=1}^{n}(x_i - \mu)^2$$

式中，μ 为随机变量的期望，σ 为我们求取的方差。简单来理解方差的计算公式：在期望（μ）相同的前提下，每一个样本减去期望后进行平方，去掉了正负号的特性；如果分布越散，也就是对均值的偏离度越大，则方差将会越大。方差衡量的是一个随机变量的离散程度。

我们注意到，方差的计算过程是带着平方的，所以更多的时候，我们会将方差开方，获得上面公式中的 σ，其被称为标准差。在 Pandas 中，计算样本的标准差也是一件非常简单的事情。

```
In: zgpa_return.std()
Out: 0.02012226825613116
```

我们发现，中国平安在这一时间段内涨跌幅的标准差约为 2.01%。

方差有一个很重要的性质，叫作可加性，下面简单介绍一下。

假设有两个独立的随机变量 X 和 Y，那么就有：

$$\sigma_{X+Y}^2 = \sigma_X^2 + \sigma_Y^2$$

式中，σ_{X+Y}^2 是两个独立随机变量相加之后的方差，σ_X^2、σ_Y^2 则分别是 X 和 Y 这两个随机变量的方差。上面的公式表明，两个随机变量相加后的方差等于两个随机变量各自的方差相加。

我们可以用 Python 程序来进行简单验证。

```
In: variable_1 = np.random.Beta(0.2,0.7,1000)
    variable_2 = np.random.normal(2,0.4,1000)
    np.var(variable_1) + np.var(variable_2)
Out: 0.25153917158619643
In: np.var(variable_1+ variable_2)
Out: 0.250813980573575
```

可以看到，变量方差的和与变量和的方差相差无几，有限的误差来源于程序模拟中的样本数量，读者可以调整样本数量来观察这一误差的变化。

3.1.3 偏度

偏度（skewness）衡量的是随机变量分布的对称情况。当随机变量分布右侧出现一个长尾时，我们称这一分布正偏或者右偏；反之，若左边出现一个长尾，则称这样的分布为负偏或者左偏。

在图 3-2 中，可以看到，正偏的分布其众数大于中位数，而中位数大于均值。图 3-3 则展示的是负偏的分布，均值大于中位数，而中位数大于众数。

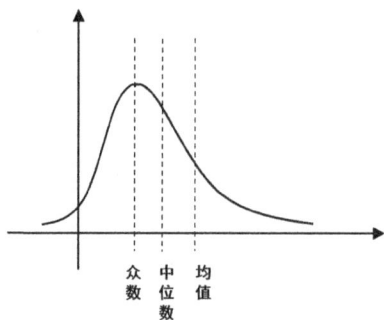

图 3-2　右偏（正偏）　　　　图 3-3　左偏（负偏）

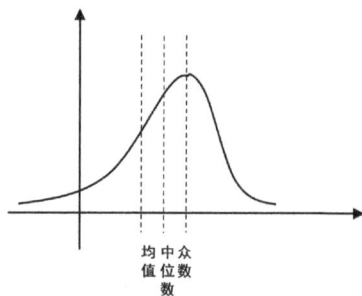

偏度的计算公式如下：

$$\text{skew} = \frac{1}{n}\sum_{i=1}^{n}\left(\frac{x_i-\mu}{\sigma}\right)^3 = \frac{1}{n}\sum_{i=1}^{n}\frac{(x_i-\mu)^3}{\sigma^3} = \frac{1}{n\cdot\sigma^3}\sum_{i=1}^{n}(x_i-\mu)^3$$

式中，σ 为变量的方差，μ 为变量的均值。从公式看，偏度的计算似乎比均值和标准差要复杂一些。但和计算均值、标准差一样，偏度的计算在 Pandas 中也十分容易，我们依然可以通过一行代码获得中国平安收益率分布的偏度。

```
In: zgpa_return.skew()
Out: 0.22703851609785625
```

我们可以看到中国平安日度收益率的分布偏度约为 0.227，表示这一分布是一个正偏分布。这说明随机选择一天，中国平安获得极端正收益的概率大于获得极端负收益的概率。

3.1.4　峰度

在金融市场中有一个经常出现的词，叫作黑天鹅，所谓的黑天鹅事件在统计学上叫作肥尾事件，其含义就是尾部风险。对于经济金融中的分布，我们通常会格外关注分布的肥尾情况，而考察分布的肥尾情况就是考察分布的四阶矩——峰度（kurtosis）。

峰度越大，说明尖峰越高，则分布的中间区间有更多的数据向均值趋同。在方差、偏度一样的情况下，尖峰越高，均值部位数据越多，同时两个尾端有较多的分布点，这就是我们常说的"尖峰肥尾"分布。

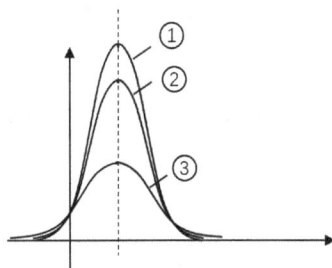

图 3-4　肥尾与尖峰

如图 3-4 所示，图中 3 个分布的方差、均值、偏度均一致，但是分布①的峰度最大、分布②的峰度其次、分布③的峰度最小。我们可以看到，分布①的肥尾特性最大，具有最长的肥尾。

对于随机变量，具体的峰度计算公式如下：

$$\text{kurt} = \frac{1}{n}\sum_{i=1}^{n}\left(\frac{x_i - \mu}{\sigma}\right)^4 = \frac{1}{n}\sum_{i=1}^{n}\frac{(x_i - \mu)^4}{\sigma^4} = \frac{1}{n \cdot \sigma^4}\sum_{i=1}^{n}(x_i - \mu)^4$$

式中，σ 为变量的方差，μ 为变量的均值。同样地，用 Pandas 计算峰度也是很简单的事情，我们可以计算一下中国平安收益率的峰度。

```
In:zgpa_return.kurtosis()
Out: 3.954898995137017
```

可以看到，中国平安的日度收益率峰度约为 3.95。这个峰值如何解读？中国平安的收益率分布是否具有肥尾特性？

我们在介绍正态分布的时候将会讨论这些疑问。

3.2　正态分布

我们已经学习了一个分布的四个矩。直观上，观测分布的四个矩其实就是从四个维度对分布进行考察。本节我们将学习统计学中一种特殊且十分重要的分布：正态分布。我们将尽可能地从直观的角度去讲述正态分布，减少从数学上的描述。读者在碰到数学公式的时候，如果不想深入研究则可以跳过，这并不会影响对后面内容的理解。本节也会有很多 Python 程序示例，以便读者了解正态分布的特点。

3.2.1　正态分布的定义

一个连续型随机变量 X 服从正态分布，则其概率密度为：

$$f(x) = \frac{1}{\sqrt{2\pi}\sigma} e^{\frac{(x-\mu)^2}{2\sigma^2}}$$

式中，$-\infty < x < \infty$。

在上面的概率密度函数中，μ 和 σ 为常数，决定了正态分布的形状。其中，μ 为正态分布的期望，σ 为正态分布的标准差。

我们在之前学习了分布的四个矩，现在可以通过它们来理解正态分布。

正态分布的形状如图 3-5 所示，直观地来看，这像一个钟的截面，因此有时候正态分布也被叫作"钟形分布"。

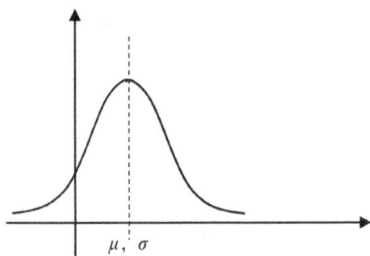

图 3-5　正态分布形状示意图

在自然界和社会中有很多变量遵循正态分布。比如人类的身高往往就符合正态分布，绝大部分人的身高在均值周围，极矮和极高的人都是少数。如果我们把中国人的身高画成一个分布直方图，那么与上面这个正态分布形状示意图曲线的样子相差无几。此外，学生的考试成绩、机械加工的误差往往也是服从正态分布的。正是因为正态分布在自然科学和人文科学中随处可见，所以这是一个极为重要又极为基础的分布。

我们再来考察一下正态分布的期望和方差。正态分布定义式中的 μ 和 σ 就是一个正态分布的均值和标准差。我们注意到，其实在正态分布的概率密度函数中只有两个参数，μ 和 σ。当 μ 和 σ 确定时，正态分布的图形形状就确定了。

我们可以使用 NumPy 的随机数生成函数来生成一个正态分布的随机序列。

```
In:normal_dis = np.random.normal(loc=0.0, scale=1.0, size=100000)
```

上面的代码利用 NumPy 随机产生 100 000 个正态分布的样本点。随机生成正态分布的函数（random.normal）有 3 个参数，分别是均值（loc）、标准差（scale）和随机数的数量（size）。我们利用这一随机生成函数生成了 100 000 个均值为 0、标准差为 1 的正态分布的随机数。

我们将上述随机数样本用 Pandas 包装成 DataFrame，以便于绘制图形（如图 3-6 所示）。

```
In:pd.DataFrame(normal_dis) .hist(bins=100)

Out:
```

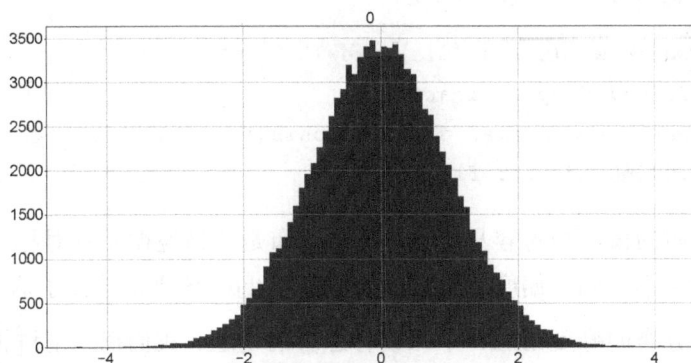

图 3-6　随机数形成的分布直方图

我们通过计算 normal_dis 中样本点的均值和标准差来进行验证。

```
In: pd.DataFrame(normal_dis).mean()
Out:0.001467
    dtype: float64
In: pd.DataFrame(normal_dis).std()
Out:0.999284
    dtype: float64
```

可以发现，这些样本的均值十分接近于 0，标准差十分接近于 1。

当标准差确定，均值 μ 发生变动时，分布就会发生左右平移，但是不会改变形状，如图 3-7 所示。

而如果均值固定，改变分布的标准差，那么分布的分散程度就会改变，在视觉上体现为"胖"与"瘦"，如图 3-8 所示。

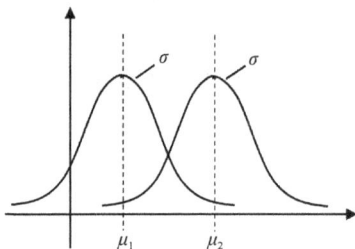

图 3-7　均值变化下的正态分布　　　　图 3-8　标准差变化下的正态分布

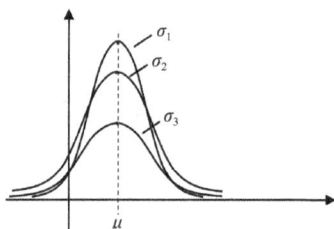

下面我们继续讨论正态分布的偏度和峰度。首先使用 Python 来计算一下之前生成的正态分布的偏度和峰度。

```
In:pd.DataFrame(normal_dis).skew()
Out:0.005067 dtype: float64
In:pd.DataFrame(normal_dis).kurtosis()
Out:-0.003655 dtype: float64
```

正态分布的偏度相对容易理解。正态分布是严格遵循左右对称的分布，所以既不左偏也不右偏，偏度就是 0。上面的 Python 计算也验证了这一结论。

而正态分布的峰度则是一个比较有意思的话题。我们在之前讨论过，有些分布是尖峰肥尾的。那么问题就产生了，尖峰是和谁比较？肥尾又是和谁比较？

答案就是正态分布。

如果某一个分布与具有相同期望和标准差的正态分布相比，两端的尾部显得相对肥厚，那么我们就称其为肥尾分布。这一分布在均值、标准差与正态分布相等的情况下，具有更厚的尾部，其尖峰处数据一定更集中，否则均值与标准差一定会比正态分布大。故肥尾的分布一定是尖峰的，当然，这里所说的尖峰也是相对于正态分布而言的。当我们考察分布峰度值的时候，其实也是在考察分布的肥尾情况。

峰度值有两种，其中一种是 Python 计算出来的超额峰度。我们看到，在计算正态分布的峰度值时，Python 返回的是 0。也就是说，当我们把正态分布的峰度作为一个基准时，如果其他分布峰度值大于 0，那么该分布就是一个尖峰肥尾分布。

根据峰度计算公式，正态分布也有峰度。

这里要提醒读者，当我们讨论峰度的时候，一定要先弄清楚是超额峰度还是实际峰度。本书后面章节中讨论的峰度，若没有明确说明，则均指超额峰度。

3.2.2　正态分布的特点

正态分布还有一个很重要的关于标准差的特征：以均值为中心，在均值减去 1 倍标准差和加上 1 倍标准差的区间内，涵盖了分布样本的 68.27%；在均值减去 2 倍标准差和加上 2 倍标准差的区间内，涵盖了分布样本的 95.44%；在均值减去 3 倍标准差和加上 3 倍标准差的区间内，涵盖了分布样本的 99.74%，如图 3-9 所示。

我们可以利用服从正态分布的随机数来进行检验。

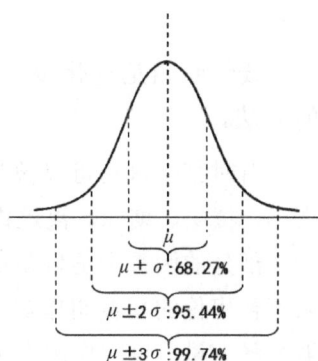

图 3-9　正态分布的特点

```
In:
u=0.0
s=1.0
    print('one-u distance', len([item for item in normal_dis if (u
- s) < item < (u + s)]) / 1000000)
    print('two-u distance',len([item for item in normal_dis if (u
- 2 * s) < item < (u + 2 * s)]) / 1000000)
    print('three-u distance',len([item for item in normal_dis if (u
- 3 * s) < item < (u + 3 * s)]) / 1000000)
Out:
one-u distance 0.682794
two-u distance 0.954378
three-u distance 0.997323
```

在上面的代码中，我们分别计算了 100 万个服从正态分布的随机数中，在均值的 1 倍、2 倍、3 倍方差范围内的数量占总数的比例，可以发现，程序计算的结果与理论给出的数值相吻合。

至此，大家已经对标准差用于衡量数据离散程度有了一个感性的认知。如果一个分布方差很大，那么需要更大的区间去获得更多的样本，同时，均值的参考意义也将会下降，因为随意选取一个样本，很可能会偏离均值。

3.3　线性回归

线性回归是量化投资，特别是多因子量化模型中最常用的也是最基础的方法。

有时某一事物可以被其他某些因素所解释。例如，房子的价格可以被面积大小、楼层、朝向、离地铁站的距离、离市中心的距离等所解释。如果我们认为大部分的因素和房价是线性关系，那么就可以建立房价的线性模型。这些用来解释房价的变量叫作解释变量，也叫作自变量；房价这一被解释的变量叫作被解释变量，也叫作因变量。如果模型中解释变量的个数只有一个，则叫作单元线性回归；如果有多个，则叫作多元线性回归。

下面我们分别介绍单元线性回归和多元线性回归。同样地，我们依然以直观理解和核心代码实现为基础，尽可能地减少数学的公式和运算。

3.3.1　单元线性回归

个股的涨跌往往和大盘的走势有很大的相关性。当大盘涨得较好的时候，大部分股票都会呈现出上涨的态势。但值得注意的是，个股的上涨幅度并不一样，甚至还会有小部分股票在大盘上涨的时候下跌，或者在大盘下跌的时候上涨。个股与大盘的这种涨跌比例关系，称为个股的 Beta，就是我们常说的"股性"。股性好的股票，在大盘上涨的时候会体现出很强的上涨特征；同时在大盘下跌的时候，往往跌幅也较大。

通常，为了量化某一只股票的 Beta，我们最常使用的方法就是单元回归。

在开始进行回归计算之前，我们首先需要明确解释变量和被解释变量。这里的解释变量就是大盘的涨跌幅；被解释变量则是某只股票的涨跌幅。大盘的涨跌幅还需要规定使用哪一个指数。这里使用中证 1000 指数作为大盘指数，用于计算个股的 Beta。需要注意的是，大盘指数的选择需要根据实际情况来判断，更多的时候应当选择中证 800 或者中证全指这一类更具代表性的指数。这里笔者采用中证 1000 作为大盘指数仅仅是为了示例的效果。

我们的数据样本区间为 2019 年。先来观察一下 2019 年中证 1000 的净值走势情况（如图 3-10 所示）。

```
In:
zz1000 = pd.read_csv('zz1000_daily_return_2019.csv')
zz1000['data_date'] = pd.to_datetime(zz1000['data_date'])

(zz1000.set_index('data_date')).add(1).cumprod().plot(figsize=(18,
9))
Out:
```

上面的代码通过中证 1000 指数的日度收益率计算出了累计净值，我们可以将其与行情软件中该指数在这一区间的走势进行对比。

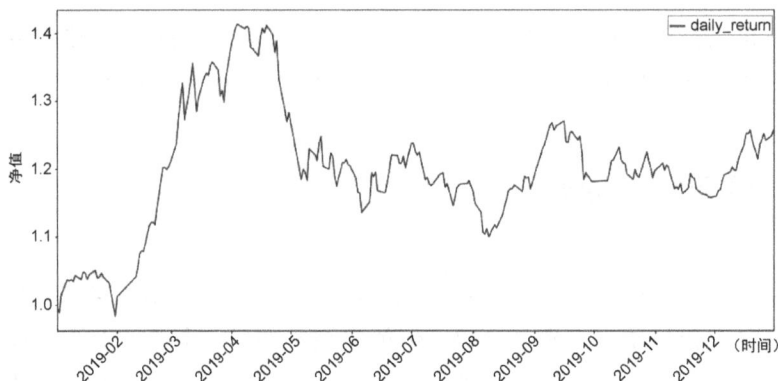

图 3-10　中证 1000 净值走势图

接下来，我们将股票行情在该区间的数据与大盘行情数据进行合并。在合并之前我们要先进行时间格式的处理。

```
In:
trading_data_2019.data_date = pd.to_datetime(trading_data_2019
.data_date)
zz1000.data_date = pd.to_datetime(zz1000.data_date)
```

在前面介绍 DataFrame 合并的时候，我们强调过 Pandas 会根据一个主轴来进行合并操作，当主轴内容一致的时候，就会将该记录合并。内容一致的前提是数据格式必须一致，因此在使用 merge 方法之前，我们会确保数据格式一致，特别是在合并的主轴是时间类要素的时候。

```
In:Beta_df = pd.merge(trading_data_2019, zz1000, on='data_date',
how='left')
```

我们可以看到合并后的数据如表 3-2 所示。

表 3-2　合并后的数据表

data_date	secucode	daily_return_x	mv	free_mv	turnover	ind_code	daily_return_y
2019/1/2	000001.SZ	−0.020	1.58E+07	1.58E+07	0.003	480000	−0.005
2019/1/2	000002.SZ	0.003	2.32E+07	2.32E+07	0.001	430000	−0.005
2019/1/2	000004.SZ	0.002	1.35E+05	1.33E+05	0.001	370000	−0.005
2019/1/2	000005.SZ	−0.004	2.83E+05	2.82E+05	0.010	410000	−0.005

续表

data_date	secucode	daily_return_x	mv	free_mv	turnover	ind_code	daily_return_y
2019/1/2	000006.SZ	−0.006	6.95E+05	6.94E+05	0.009	430000	−0.005
...	...	...	...	...	...	...	...
2019/12/31	603993.SH	−0.005	9.42E+06	7.70E+06	0.027	240000	0.007
2019/12/31	603996.SH	−0.016	1.51E+05	1.51E+05	0.047	270000	0.007
2019/12/31	603997.SH	−0.010	8.27E+05	8.27E+05	0.004	280000	0.007
2019/12/31	603998.SH	0.023	3.61E+05	3.61E+05	0.056	370000	0.007
2019/12/31	603999.SH	−0.028	4.23E+05	4.23E+05	0.031	720000	0.007

从上述数据内容中可以观察到，DataFrame 里面出现了两个 daily_return，其中一个在合并的时候自动增加了后缀_x，另一个增加了后缀_y。前者是股票的当天收益率，而后者则是当天的大盘（中证 1000）收益率。我们可以用 rename 方法对其列名进行更改，也可以在 merge 方法中指定 sub_fix 参数进行列名的修改。此处仅演示 rename 方法的使用，读者可以自行在 Pandas 官网查找，学习 sub_fix 参数的设置方法。

```
In:Beta_df.rename(columns={'daily_return_x': 'stock_daily_
return', 'daily_return_y':'market_daily_return'}, inplace=True)
```

注意，这里在使用 rename 的时候，传入了一个 inplace 的参数，并将参数设置为 True。当我们指定 inplace 为 True 的时候，在 iPython notebook 环境中运行上述命令，就不会输出 Beta_df 修改后的内容，而是直接将修改的内容赋值给了 Beta_df。上面的语句可简化为：

```
In:Beta_df = Beta_df.rename(columns={'daily_return_x':
'stock_daily_return', 'daily_return_y':'market_daily_return'})
```

这是一个简化代码的小技巧。

现在可以利用 2019 年的交易数据来计算一下中国平安的 Beta。

```
In:zgpa_Beta_df = Beta_df[Beta_df['secucode'] == '601318.SH']
```

这个时候，回归方程的解释变量和被解释变量就明确了。解释变量是 zgpa_Beta_df['market_daily_return']，被解释变量是 zgpa_Beta_df['stock_daily_return']。那么，接下来就可以进行单元线性回归的操作了。

在进行回归操作的时候，我们将会用到另一个模块：statsmodels。这是一个涵盖了绝大部分统计功能的模块，功能十分强大，而且已经内置在 Anaconda 中了，直接导入该模块就可以使用。

```
In:
import statsmodels.api as sm
results = sm.OLS(zgpa_Beta_df['stock_daily_return'], sm.add_
constant(zgpa_Beta_df['market_daily_return']), hasconst=True).fit()
results.summary()
```

我们先来简单解读一下上面的代码，其中最重要的是第二行代码。sm.OLS 是最小二乘法进行线性回归的求解函数。最小二乘法是求解线性回归的一种方法，本书在进行回归计算的时候使用的都是这一方法。sm.OLS 函数后面传入的参数依次是被解释变量、解释变量、常数项选项。

被解释变量是 stock_daily_return，解释变量是 market_daily_return。我们需要注意在回归的过程中是否需要加入常数项，这取决于被解释变量是否存在某个恒定的量。比如，一个人的英语成绩可以被他的努力程度、天赋、考试的发挥等决定。但是在正常情况下，只要去考试了，几乎就都能拿到一定的分数，我们姑且称之为"运气得分"。既然这样，那么英语成绩的总分中有一部分并不是上述几项能够决定的。

如果解释变量不为零那么常数项就应该被引入回归方程中，否则就不应该引入常数项。

那么，在我们计算 Beta 的例子中，是否应该加入常数项呢？这里，我们先加入常数项，后续再来讨论这样是否合理。

在解释变量中加入常数需要用 sm.add_constant 方法对解释变量进行处理，同时将常数项选项设置为 True（hasconst=True）。

在使用 statsmodels 进行回归操作之后，获得的回归结果保存在 results 中。我们可以使用 summary 方法来查看回归的结果，回归的结果如表 3-3 所示。

表 3-3 回归概况表

Dep. Variable: stock_daily_return	R-squared: 0.254
Model: OLS	Adj. R-squared: 0.251
Method: Least Squares	F-statistic: 82.56
Date: Sun, 03 May 2020	Prob (F-statistic): 3.78E-17
Time: 23:12:36	Log-Likelihood: 686.09
No. Observations: 244	AIC: −1368
Df Residuals: 242	BIC: −1361
Df Model: 1	
Covariance Type: nonrobust	

本书并不是一本介绍统计学的书，因此不会对每一个指标都进行讨论，而是重点讨论在使用过程中需要关注的指标。

第一个值得关注的指标是 R-squared，也可以写作 R^2，这个指标的学名叫作可决系数（coefficient of determination）。其背后的实际含义是解释变量在多大程度上解释了被解释变量。例如在上面的回归结果中，R^2 是 25.4%，那么中国平安这只股票的涨跌幅波动可以被大盘的涨跌幅波动解释掉 25.4%。

在回归结果中还给出了回归系数表（如表 3-4 所示）。

表 3-4 回归系数表

	coef	std err	t	P>|t|	[0.025	0.975]
const	0.0013	0.001	1.417	0.158	−0.001	0.003
market_daily_return	0.5406	0.059	9.086	0	0.423	0.658

如果没有统计学的知识，那么可能很难理解这张表，在这里我们本着实用主义，不进行延伸，只关注表格中的"coef"列和"P>|t|"列。

"coef"这一列是回归方程的系数，通过这一列我们就能得到回归方程，其中 const 代表的是常数项，余下的是解释变量的回归系数。从该系数表中可以看到回归方程的常数项是 0.0013，而 market_daily_return，也就是我们的解释变量这一项的斜率则是 0.5406。

根据这数据，我们可以写出回归方程：

```
stock_daily_return = 0.0013 + 0.5406 * market_daily_return
```

接着来看"P>|t|"这一列。在讨论这一列之前，我们需要引入一个概念，叫作假设检验。所谓假设检验，就是先做一个假设，然后通过一定的手段来检验这个假设是否成立。在假设检验过程中，我们做出的假设通常称之为"原假设"。

对于线性回归来说，这里的原假设就是我们的自变量与因变量没有关系，也就是斜率为 0。如果原假设不成立，那么我们就比较有信心来使用计算出来的斜率，回归模型就可以进一步使用；如果原假设成立的概率超过预设值，那么我们的回归模型在统计意义上就是不正确的。

"P>|t|"这一列就是告诉我们原假设的检验结果。譬如，const 这一行中"P>|t|"的数值是 0.158，说明有 15.8%的可能性原假设成立；而 market_daily_return 这一行是 0，也就是说，原假设成立的概率是 0。那么，常数项与被解释变量无关的假设很有可能是成立的，所以我们不能拒绝原假设；而 market_daily_return 与被解释变量无关的假设几乎不成立，也就是我们可以拒绝原假设。

那么，如果原假设成立的概率是 3%呢？我们是否应该拒绝原假设呢？通常，如果原假设成立的概率小于等于 5%，那么我们认为可以拒绝原假设，也就是模型的建立在统计意义上是合理有效的。但是在实际情况中应当根据对模型稳健性的要求来进行调节。

这时，聪明的读者就发现一个问题：在回归方程中明明给出了常数项，怎么又说常数项的原假设不能被拒绝呢？

我们的回归方法会按照特定的算法给出回归方程的表达式，但是并不确保每个系数（包括常数项）都在统计上有意义，因此，通常在建立模型之后需要对回归模型进行反复修正。从这里常数项的假设检验无法通过可以看出，我们在建立回归方程的时候就不应该加入常数项。修改一下上面的回归方程，将常数项删除。

```
In:
results = sm.OLS(zgpa_Beta_df['stock_daily_return'], zgpa_Beta_df
['market_daily_return'], hasconst=False).fit()
```

```
results.summary()
```

这样，我们获得了新的回归结果概况表（如表 3-5、表 3-6 所示）。

表 3-5　新的回归概况表

Dep. Variable: stock_daily_return	R-squared: 0.258
Model: OLS	Adj. R-squared: 0.255
Method: Least Squares	F-statistic: 84.33
Date: Sun, 03 May 2020	Prob (F-statistic): 1.90E-17
Time: 23:14:30	Log-Likelihood: 685.08
No. Observations: 244	AIC: −1368
Df Residuals: 243	BIC: −1365
Df Model: 1	
Covariance Type: nonrobust	

表 3-6　新的回归系数表

	coef	std err	t	P>|t|	[0.025	0.975]
market_daily_return	0.5463	0.059	9.183	0	0.429	0.663

我们看到，去掉常数项后回归方程的 R-squared 是 25.8%，回归方程是：

```
stock_daily_return = 0.5463 * market_daily_return
```

上面的回归方程告诉我们，在中证 1000 上涨 1%的时候，中国平安平均上涨 0.5463%，即中国平安的 Beta 是 0.5463。

但是我们发现，根据该回归方程计算出来的中国平安日度收益率与真正的收益率还是有较大的差异的，我们把这一部分差异叫作残差。到这里，我们的回归模型就完整了。

个股收益率 ＝ 股票 Beta × 大盘收益率 ＋ 残差项

在这个公式中，残差项的金融学解释就是中国平安这只股票的收益率不能被大盘收益率解释的那一部分，简单来说也就是中国平安自己的特性带来的收益率。

在上面的例子中，我们仅计算了中国平安这一家公司的 Beta，那么，如何通过代码一下子获取所有股票的 Beta 呢？答案很简单，就是使用 Pandas 的

"groupby-apply"方法。思路也很清晰：先按照股票代码进行分组，再对每个分组求取回归系数 Beta。

我们先来编写一个函数用于计算单只股票相对大盘收益率的回归系数。

```
In:
def Beta_cal(stock_df):
    results = sm.OLS(stock_df['stock_daily_return'],
    stock_df['market_daily_return'], hasconst=False).fit()
    return results.params.market_daily_return
```

在上面的例子中，我们通过访问回归结果 results 中的 params 参数获得解释变量的回归系数。

```
In:
stock_Beta_df = Beta_df.groupby('secucode').apply(Beta_cal)
stock_Beta_df
Out:
secucode
000001.SZ 0.697250
000002.SZ 0.614629
000004.SZ 0.811059
000005.SZ 1.016024
000006.SZ 0.928009
...
603993.SH 0.830078
603996.SH 1.022882
603997.SH 0.820254
603998.SH 1.304249
603999.SH 1.222961
Length: 3661, dtype: float64
```

通过"groupby-apply"的组合，我们很容易计算出每一只股票的 Beta。

3.3.2　多元线性回归

在了解了单元线性回归之后，多元线性回归就比较好理解了。单元线性回归以单个解释变量解释一个被解释变量，多元线性回归中的解释变量的数量为两个或两个以上。当解释变量个数变成多个之后，解释变量之间的关系也将值得我们考察。

房价是一个很重要的民生话题，我们采用的数据集是网络上公开的波士顿房价数据集（资源下载文件中的 house_dataset.csv 文件），如表 3-7 所示。

表 3-7　波士顿房价数据集

CRIM	ZN	INDUS	CHAS	NOX	RM	AGE	DIS	RAD	TAX	PTRATIO	B	LSTAT	MEDV
0.006	18.0	2.31	0.0	0.54	6.58	65.2	4.09	1.0	296.0	15.3	396.90	4.98	24
0.027	0.0	7.07	0.0	0.47	6.42	78.9	4.97	2.0	242.0	17.8	396.90	9.14	21.6
0.027	0.0	7.07	0.0	0.47	7.19	61.1	4.97	2.0	242.0	17.8	392.83	4.03	34.7
0.032	0.0	2.18	0.0	0.46	7.00	45.8	6.06	3.0	222.0	18.7	394.63	2.94	33.4
0.069	0.0	2.18	0.0	0.46	7.15	54.2	6.06	3.0	222.0	18.7	396.90	5.33	36.2
...	...	...	...	...	...	...	...	...	...	...	...	...	...
0.062	0.0	11.93	0.0	0.57	6.60	69.1	2.48	1.0	273.0	21.0	391.99	9.67	22.4
0.045	0.0	11.93	0.0	0.57	6.12	76.7	2.29	1.0	273.0	21.0	396.90	9.08	20.6
0.060	0.0	11.93	0.0	0.57	6.98	91.0	2.17	1.0	273.0	21.0	396.90	5.64	23.9
0.109	0.0	11.93	0.0	0.57	6.79	89.3	2.39	1.0	273.0	21.0	393.45	6.48	22
0.047	0.0	11.93	0.0	0.57	6.03	80.8	2.50	1.0	273.0	21.0	396.90	7.88	11.9

注：表中数据为归一化数据，所以没有单位。

在这个数据集中一共有 506 条记录，每条记录有 14 个变量，每个变量的含义如表 3-8 所示。

表 3-8　数据集变量解释

变量	含义
CRIM	所处区域犯罪率，衡量的是区域的治安情况
ZN	占地面积超过 25,000 平方英尺的住宅用地比例
INDUS	每个城镇非零售业务的比例
CHAS	虚拟变量，如果是河道，则为 1；否则为 0
NOX	一氧化氮浓度（每千万份）

RM	每间住宅的平均房间数
AGE	1940 年以前建造的自住单位比例
DIS	波士顿的五个就业中心加权距离
RAD	距离高速公路的便利指数
TAX	每 10,000 美元的全额物业税率
PTRATIO	城镇的学生与教师比例
B	城镇黑人的比例
LSTAT	人口状况下降比例
MEDV	自有住房的中位数报价，单位为 1000 美元

考虑到这只是一个多元回归的示例，所以我们先简单做一个解释变量的主观筛选。我们选出犯罪率（CRIM）、占地面积（ZN）、房间数（RM）、房龄（AGE）、市中心距离（DIS）、教育质量（PTRATIO）、人口比例（B）这 7 个变量作为自变量，房屋报价（MEDV）作为因变量，然后进行回归。

```
In:
house_df = pd.read_csv('house_dataset.csv')
results = sm.OLS(house_df['MEDV'], house_df[['CRIM','ZN','RM',
'AGE','DIS','PTRATIO','B']], hasconst=True).fit()
results.summary()
```

可以看到如表 3-9 所示的回归结果，以及如表 3-10 所示的回归系数。

表 3-9　回归结果概览

Dep. Variable: MEDV	R-squared: 0.646
Model: OLS	Adj. R-squared: 0.641
Method: Least Squares	F-statistic: 151.5
Date: Sun, 03 May 2020	Prob (F-statistic): 5.41E-109
Time: 23:17:51	Log-Likelihood: −1577.8
No. Observations: 506	AIC: 3170
Df Residuals: 499	BIC: 3199
Df Model: 6	
Covariance Type: nonrobust	

表 3-10　回归系数

	coef	std err	t	P>|t|	[0.025	0.975]
CRIM	−0.1478	0.034	−4.391	0	−0.214	−0.082
ZN	0.0302	0.015	1.967	0.05	4.11E−05	0.06
RM	6.9092	0.266	25.929	0	6.386	7.433
AGE	−0.0767	0.013	−6.085	0	−0.101	−0.052
DIS	−1.0364	0.197	−5.261	0	−1.424	−0.649
PTRATIO	−0.9389	0.095	−9.837	0	−1.126	−0.751
B	0.0163	0.003	5.741	0	0.011	0.022

同样地，对于多元回归模型，我们依然需要关注 R-squared 以及各个系数中的 "P>|t|" 列的值，观察回归模型的解释力度以及统计意义上的合理性。

我们看到，上面的回归方程表现得特别好，R-squared 达到了 0.646，也就是模型中解释变量的波动可以解释房价大约 65% 的波动，这可是一个不小的比例了。

我们发现，回归结果除了会给出 R-squared，还会给出 Ajd.R-squared，即调整后的 R 方。在上面的回归结果中，Ajd.R-squared 值为 0.641，比 0.646 要小一些。

那么在有了 R-squared 之后为什么又有了调整后的 R-squared 呢？调整后的 R-squared 又调整了些什么呢？

R-squared 是回归模型解释力度的衡量指标，如果增加解释变量，则显然是可以增加模型的解释力度的。这和直觉一致，更多的因素必然可以更好地解释现象。即使解释力度不增加，新增加的解释变量也不会使得原模型的解释力度下降。

因此，如果我们仅观察 R-squared，那么在建立模型的时候，建模者就会过多地放入一些解释变量让模型的 R-squared 尽可能地高。很显然这样的做法是违背常理的，于是便有了调整后的 R-squared，用于对模型中解释变量的个数进行惩罚。在相同的 R-squared 下，使用了越多解释变量的回归模型，其调整后的 R-squared 越小。具体的计算公式读者可以自行学习相关的统计学教材。

除了调整后的 R-squared，对于多元回归模型我们还需要考虑另外一个指标，就是 F 检验，其在 statismodel 的结果中以 F-statistic 和 Prob (F-statistic)的名称给出。上述示例的 F 检验结果如表 3-11 所示。

表 3-11　F 检验结果

F-statistic	151.5
Prob (F-statistic)	5.41e-109

按照我们之前对假设检验的讨论，F 检验必然也对应一个原假设。多元回归模型中 F 检验的原假设是回归模型中所有的系数都为零。

设多元回归模型的回归系数为 b_i，共有 k 个回归系数，那么 F 检验的原假设公式就是：

$$b_1 = b_2 = ... = b_{k-1} = 0$$

很显然，如果原假设不能被拒绝，那么这一多元线性模型就是不能被采纳的。在这一例子中，我们看到 Prob 的数值极小，说明我们可以拒绝原假设，即模型通过 F 检验下，这一房价的多元线性模型是成立的。

上面我们利用公开数据集举了一个房价的例子，下面举一个金融市场的例子来说明解释变量之间相关性与多重共线性的问题。

我们知道上证 50 由 50 个市值最大的股票组合而成，在 2019 年年中，上证 50 前十大权重股分别是：中国平安（601318.SH）、贵州茅台（600519.SH）、招商银行（600036.SH）、兴业银行（601166.SH）、恒瑞医药（600276.SH）、伊利股份（600887.SH）、中信证券（600030.SH）、交通银行（601328.SH）、民生银行（600016.SH）、农业银行（601288.SH）。

在逻辑上，上证 50 的涨跌可以被这前十大权重股解释很大一部分。因此，针对 2019 年的行情，我们将上述 10 个权重股的日度涨跌幅作为解释变量，将上证 50 的涨跌幅作为被解释变量，进行多元回归。

首先我们读取上证 50 的行情数据（数据位于资源下载目录下的 sz50_daily_return_2019.csv 文件中），并在整个行情数据集中选取上述十大权重股。

```
In:
sz50 = pd.read_csv('sz50_daily_return_2019.csv')
sz50['data_date'] = pd.to_datetime(sz50['data_date'])
    weight_stock_code_list = ['601318.SH', '600519.SH',
```

```
'600036.SH', '601166.SH', '600276.SH', '600887.SH', '600030.SH',
'601328.SH', '600016.SH', '601288.SH']
    trading_data_2019_w = trading_data_2019[trading_data_2019
.secucode.isin(weight_stock_code_list)]
```

然后用 Pandas 自带的透视图方法获取不同交易日下 10 个权重股的涨跌幅，表 3-12 所示为 Pandas 透视图结果表。

```
In:
trading_data_2019_w.pivot(index='data_date',
columns='secucode', values='daily_return').reset_index()

Out:
```

表 3-12　Pandas 透视图结果表

data_date	600016.SH	600030.SH	...	601318.SH	601328.SH
2019/1/2	−0.013962	0	...	−0.016399	−0.020725
2019/1/3	0.00354	0	...	0.009061	0.0194
...	...	...	...	...	...
2019/12/30	0.00638	0.099871	...	0.01381	0.003559
2019/12/31	0	−0.01403	...	−0.005006	−0.001773

最后通过 merge 方法，将上面获得的透视表与上证 50 行情合并在一起，作为回归的数据集。合并后回归数据集如表 3-13 所示。

```
In:
sz50_regression_df =
pd.merge(trading_data_2019_w.pivot(index='data_date',
columns='secucode', values='daily_return').reset_index(), sz50,
on='data_date', how='left', suffixes=['_stock', '_market'])
    sz50_regression_df

Out:
```

表 3-13　回归数据集

data_date	600016.SH	600030.SH	...	601328.SH	daily_return
2019/1/2	−0.013962	0	...	−0.020725	−0.013217
2019/1/3	0.00354	0	...	0.0194	0.002851
2019/1/4	0.0194	0	...	0.013841	0.020008
2019/1/7	−0.00346	0	...	−0.005119	−0.000141
2019/1/8	−0.001736	0	...	0.003431	−0.003953

对合并后的回归数据集进行回归后，获得表 3-14 的回归结果和表 3-15 的回归系数。

```
In:
result = sm.OLS(sz50_regression_df['daily_return'],
sz50_regression_df[weight_stock_code_list], hasconst=True).fit()
result.summary()

Out:
```

表 3-14　回归结果概况

Dep. Variable: daily_return	R-squared: 0.981
Model: OLS	Adj. R-squared: 0.981
Method: Least Squares	F-statistic: 1367
Date: Sun, 03 May 2020	Prob (F-statistic): 7.38E-197
Time: 23:48:23	Log-Likelihood: 1216.2
No. Observations: 244	AIC: −2412
Df Residuals: 234	BIC: −2377
Df Model: 9	
Covariance Type: nonrobust	

表 3-15　回归系数

	coef	std err	t	P>|t|	[0.025	0.975]
601318.SH	0.2001	0.014	14.802	0	0.174	0.227
600519.SH	0.1084	0.008	12.963	0	0.092	0.125
600036.SH	0.0497	0.013	3.732	0	0.023	0.076

	coef	std err	t	P>|t|	[0.025	0.975]
601166.SH	0.0554	0.013	4.177	0	0.029	0.082
600276.SH	0.0447	0.007	6.724	0	0.032	0.058
600887.SH	0.0523	0.008	6.827	0	0.037	0.067
600030.SH	0.109	0.006	17.062	0	0.096	0.122
601328.SH	0.0405	0.025	1.618	0.107	−0.009	0.09
600016.SH	0.2107	0.031	6.853	0	0.15	0.271
601288.SH	0.1464	0.025	5.963	0	0.098	0.195

我们发现，上证 50 前十大重仓股对指数走势的解释度为 98.1%，可以说是一个很高的解释力了。但是在这里，我们需要思考一个问题：这 10 只股票相互之间的相关性如何？

如果这 10 只股票的收益率高度相关，那么虽然我们是用 10 个变量在进行回归，但是背后的驱动因素可能是同一个。因此很有必要查看一下这 10 只股票之间的收益率相关性矩阵（如表 3-16 所示）。

```
In:
sz50_regression_df.corr()

Out:
```

表 3-16　相关性矩阵

	600016.SH	600030.SH	600036.SH	...	601328.SH	daily_return
600016.SH	1	0.652857	0.694626	...	0.874397	0.846002
600030.SII	0.652857	1	0.527538	...	0.56212	0.776575
...	...	...	...	...	...	...
601318.SH	0.713083	0.647608	0.790781	...	0.671344	0.913075
601328.SH	0.874397	0.56212	0.712462	...	1	0.772621
daily_return	0.846002	0.776575	0.813794	...	0.772621	1

可以看到，这 10 只股票之间的相关性非常高，相关性数值普遍高于 0.65。这说明之前的回归模型并不可靠，或者说，变量存在"多重共线性"。所谓的多重共线性就是多个解释变量之间的相关性较高，造成回归模型可信度的下降。

接下来我们引入一个指标——方差膨胀系数（Variance Inflation Factor，VIF）。方差膨胀系数是衡量多元线性回归模型中多重共线性严重程度的一种度量方法，计算公式如下：

$$VIF_i = \frac{1}{1 - R_i^2}$$

式中，R_i 为自变量 i 对其余自变量做回归分析的 R-squared 的算术平方根。很显然，VIF 越大，说明该自变量可以被其余自变量解释的力度越大。通常，如果 VIF 大于 5，就可以认为自变量存在较大的多重共线性。当然，这里的这个阈值可以根据使用过程中的实际情况进行调节。

在 Python 中也给出了 VIF 的计算模块。

```
In:
from statsmodels.stats.outliers_influence import
variance_inflation_factor
    vif = pd.DataFrame()
        vif["VIF Factor"] = [variance_inflation_factor(np.array (sz50_
regression_df[weight_stock_code_list]), cnt) for cnt in range(10)]
    vif["features"] = weight_stock_code_list
```

获得 VIF 计算结果如表 3-17 所示。可以发现，其多重共线性情况没有十分严重，但是也没有到可以忽略的地步。仍然有部分股票的 VIF 值超过 5，且大部分股票的 VIF 值并不低。

表 3-17　VIF 计算结果

VIF Factor	Features
4.479134	601318.SH
2.231453	600519.SH
3.665636	600036.SH
3.847585	601166.SH
1.579713	600276.SH
1.599609	600887.SH
2.03229	600030.SH
5.153225	601328.SH
6.801749	600016.SH
3.744748	601288.SH

3.3.3　哑变量

在多元线性回归中，有一种特殊的变量叫作"哑变量"。所谓的哑变量其实就是"0-1"变量。

举一个简单的例子，某小学某班级举行了一次数学考试，老师拿到了如表 3-18 所示的成绩表。成绩表中包含了一些学生的信息，现在我们希望能够分析学生成绩和其他因素之间的关系。

表 3-18　学生成绩表

姓名	学号	成绩	性别	智商
张三	1	89	男	102
李四	2	76	女	104
王五	3	95	男	113
……	……	……	……	……

我们首先猜想学生的分数和学生的智商、性别有关，但是性别这一特征有一个特点，它不像"智商"那样是一个可以量化的数值，而只是一个类别。这时候就需要进行转换，把学生性别这一信息变成哑变量。转换后的成绩表如表 3-19 所示。

表 3-19　哑变量转换后的成绩表

姓名	学号	成绩	智商	男	女
张三	1	89	102	1	0
李四	2	76	104	0	1
王五	3	95	113	1	0
……	……	……	……	……	……

我们看到，原本性别这一属性是无法在回归方程中使用的，而经过哑变量处理之后，性别属性变成了两列哑变量数据。

如果为男性，就将"男"这一列设为"1"，"女"这一列设为"0"；反之亦然。这样，性别属性就变成了两列数值，可以参与到回归方程中。

在金融数据中，这样的哑变量处理方法最常用的地方就是对股票行业的处理。之前我们简单地认为个股的涨跌幅可以被市场的涨跌幅解释一部分。例如在之前的例子中，中国平安的涨跌幅可以被大盘的涨跌幅大约解释 25.4%，那么剩下的 74.6%是什么呢？我们很自然地想到其中有一部分是股票的行业属性。有一定股票投资经验的读者知道，相同行业的股票往往会同涨同跌，因此行业其实是解释股票涨跌幅的一个很好的变量。顺着这个思路，我们可以建立一个行业哑变量的多元回归模型。

我们先来回顾一下之前 Beta_df 中数据的内容（如表 3-20 所示）。

```
In:
Beta_df.head(3)


Out:
```

表 3-20　Beta_df 中的数据

	data_date	secucode	stock_daily_return	mv	free_mv	turnover	ind_code	market_dally_return
0	2013/6/3	000001.SZ	−0.003811	1.07E+07	6.49E+06	0.00671	480000	−0.00909
1	2013/6/4	000001.SZ	0.010521	1.08E+07	6.56E+06	0.00863	480000	−0.022192
2	2013/6/5	000001.SZ	−0.015144	1.07E+07	6.46E+06	0.005968	480000	0.006084

```
In:
    industry_dummies = pd.get_dummies(Beta_df['ind_code'])
ind_Beta_df = pd.concat([Beta_df,industry_dummies], axis=1)
```

在上面的代码中，我们利用之前的 Beta_df 中的行业代码这一列来生成行业哑变量。哑变量通过 Pandas 自带的 get_dummies 方法生成。

我们将生成的哑变量数据与行情数据拼接起来。这里的拼接函数使用的是 concat。我们之前在介绍 concat 的时候展示的是纵向拼接的例子，而这里需要进行横向拼接，将 axis 设置为 1 即可（这一参数默认值为 0）。

```
In:
def regression_adj_r_square(one_day_trading_df):
    result = sm.OLS(one_day_trading_df['stock_daily_return'],
```

```
one_day_trading_df[list(ind_Beta_df.ind_code.unique())+['market_dail
y_return']], hasconst=False).fit()
    return result.rsquared_adj
```

　　然后编写一个用于返回回归方程调整后 R-squared 的函数。在获得这一返回的调整后的 R-squared 以后，对其求取均值就可以知道股票涨跌幅中有多少是可以被行业所解释的了。这个回归函数的解释变量就是行业哑变量，被解释变量就是股票的收益率。

```
In:
ind_r_square = ind_Beta_df.groupby('data_date').apply(lambda x:
regression_adj_r_square(x))
ind_r_square.mean()

Out:
0.23606615945438825
```

　　我们用这一回归函数，对 ind_Beta_df 进行逐日回归，回溯了 2019 年的数据，发现行业可以解释的股票涨跌幅比例约为 23.6%，这是一个不可小觑的占比。

3.4　业绩评价指标

　　本节介绍一下几种常用的业绩评价指标。这些指标有不同的侧重点，综合起来考察之后，就可以对业绩有一个较为全面的评价结果。

3.4.1　年化收益率

　　年化收益率是最简单的一个业绩评价指标。投资策略或基金运行的时间不同，而不同时间下的收益率评价不具有可比性，所以通常需要对收益率进行年化计算。

　　年化收益率也是最直观的一个指标。以某基金为例，该基金 2019 年第四季度部分日度收益率与沪深300日度收益率如表3-21所示。

表3-21 收益率数据对比表

日期	某基金日度收益率	沪深300日度收益率	日期	某基金日度收益率	沪深300日度收益率
2019-10-08	0.75	0.61	2019-11-20	−1.03	−0.99
2019-10-09	0.31	0.14	2019-11-21	−0.37	−0.47
2019-10-10	0.99	0.82	2019-11-22	−1.17	−1.02
2019-10-11	1.04	0.96	2019-11-25	0.68	0.73
2019-10-14	0.91	1.06	2019-11-26	0.12	0.35
2019-10-15	−0.48	−0.43	2019-11-27	−0.19	−0.41
2019-10-16	−0.36	−0.34	2019-11-28	−0.49	−0.34
2019-10-17	0.06	0.06	2019-11-29	−0.81	−0.87
2019-10-18	−1.33	−1.42	2019-12-02	0.19	0.19
2019-10-21	0.31	0.30	2019-12-03	0.44	0.39
2019-10-22	0.25	0.39	2019-12-04	−0.06	−0.03
2019-10-23	−0.49	−0.64	2019-12-05	0.75	0.77
2019-10-24	0.06	−0.01	2019-12-06	0.62	0.59
2019-10-25	0.74	0.67	2019-12-09	−0.18	−0.18
2019-10-28	0.49	0.76	2019-12-10	0.06	0.13
2019-10-29	−0.55	−0.42	2019-12-11	0.31	0.06
2019-10-30	−0.55	−0.49	2019-12-12	−0.31	−0.30
2019-10-31	−0.37	−0.11	2019-12-13	1.97	1.98
2019-11-01	1.60	1.69	2019-12-16	0.42	0.49
2019-11-04	0.55	0.65	2019-12-17	0.96	1.36
2019-11-05	0.66	0.62	2019-12-18	−0.30	−0.22
2019-11-06	−0.48	−0.45	2019-12-19	−0.24	−0.14
2019-11-07	0.18	0.18	2019-12-20	−0.30	−0.25
2019-11-08	−0.54	−0.47	2019-12-23	−1.08	−1.25
2019-11-11	−1.57	−1.76	2019-12-24	0.61	0.65
2019-11-12	0.06	0.02	2019-12-25	−0.06	−0.05
2019-11-13	0.06	−0.09	2019-12-26	0.78	0.88
2019-11-14	0.18	0.15	2019-12-27	−0.12	−0.10
2019-11-15	−0.80	−0.74	2019-12-30	1.44	1.48
2019-11-18	0.80	0.80	2019-12-31	0.47	0.37
2019-11-19	0.86	1.00			

根据表 3-21，可以计算出该基金第四季度的累计收益率为 6.52%。根据第四季度的收益率，计算其年化收益率为 28.7%（1.0652^4-1）。

简单地计算年化收益率有一个很大的问题，就是年化收益率只考虑了收益率这一特点，而不考虑波动的因素。

3.4.2　夏普比率

夏普比率（Sharpe Ratio）是一种最常见的业绩评价指标，也是一个可以同时对收益与风险加以综合考虑的经典指标。

资本市场有一个特点：投资标的的预期收益率越高，投资者所能承受的波动越大；反之，预期收益率越低，那么投资者能承受的波动也越小。既然如此，那么调整波动率后的收益率就是一个可以同时对收益与风险加以综合考虑的优秀指标。夏普比率就是基于这一基本原理设计的，其公式如下：

$$SR = \frac{P_r - R_f}{\sigma_P}$$

式中，SR 为我们希望计算的夏普比率；P_r 为计算期间投资者持有的标的组合获得的年化收益率；R_f 为年化的无风险利率，通常可以采用十年期国债或者三个同 Shibor 利率；σ_P 为年化后的组合收益率波动，也就是组合收益率的标准差。

我们可以根据表 3-21 某基金 2019 年第四季度的收益率数据来计算该基金的夏普比率。

之前我们已经计算好了 P_r 为 0.287，也就是年化后的基金收益率。而波动率，也就是收益率的方差，我们可以用日度的收益率来计算日度标准差，这里直接给出结果 0.007，将这一结果记为 $\sigma_{P,d}$，则方差就是 $\sigma_{P,d}^2$。

根据夏普比率的公式，分母为年化后的组合收益率波动，所以我们需要将日度标准差变为年度标准差。通常，我们假设一年有 252 个交易日，根据之前提到的方差的可加性，年化的收益率方差为 $252\sigma_{P,d}^2$，从而得到年化收益率标准为 $\sqrt{252\sigma_{P,d}^2} = 0.007 \times \sqrt{252} \approx 0.11$。

最后，将上面的结果带入夏普比率的公式中就可以了。

$$SR = \frac{P_r - R_f}{\sigma_P} = \frac{0.287 - 0.04}{0.11} \approx 2.25$$

3.4.3 信息比率

信息比率（Information Ratio，IR）是一个衡量组合超额收益的指标，其含义是单位主动风险所带来的超额收益。我们来看一下它的公式：

$$IR = \frac{P_r - B_r}{TE}$$

式中，IR 为信息比率，P_r 为组合的收益率，B_r 为比较基准的收益率，TE（Tracking Error）是投资周期中每天的 P_r 与 B_r 之差的标准差。比较基准一般根据情况而定，可以是某个大盘指数或者某个行业指数。

IR 公式的分子其实衡量的是超额收益；分母其实表征了投资者获得超额收益的稳定性和可靠性。

我们知道，投资者在某几天跑过大盘的概率是很大的，但是长期持续超越大盘就比较困难。如果跟踪误差小，就意味着投资者能够持续地获得超额收益；而跟踪误差大则说明投资者超越大盘能力的持续性值得怀疑。

综合来看，较高的 IR 说明投资者在给定的跟踪误差下，可以获得更多的超额收益。

我们根据之前给出的基金的收益率和沪深 300 的收益率来计算一下信息比率，其中以沪深 300 作为比较基准，通过计算可以得到年化的 P_r 和 B_r，分别是 28.7% 和 33.0%。而对于跟踪误差，仅需要计算基金收益率与基准收益率每天差值的标准差并年化即可，实际计算后得到结果为 0.020，从而计算信息比率为：

$$IR = \frac{P_r - B_r}{TE} = \frac{0.287 - 0.330}{0.020} = -2.15$$

信息比率是一个十分重要的指标，它考虑了投资者的基准、投资者获取超额收益的能力以及获取这一收益的稳定性。所以相对而言，信息比率是一个比较全面的指标。很多关于基金对比的网站上也会重点标示出基金的信息比率，供基金投资者参考。

第 4 章

4

单因子测试

如果把股票的多因子模型比喻为做菜，那么第 2 章讨论的编程技术和第 3 章讨论的概率统计知识则可以比作做菜的锅碗瓢盆，而本章重点介绍的单因子则是制作这一道菜的原材料。

一个好的因子不仅在历史数据上与股票收益率之间体现出稳定且持续的相关关系，而且因子的逻辑和因子与股票收益率的关系都可以被经济逻辑解释。如果单纯是用统计方寻找出来的因子，则很可能会陷入数据挖掘的陷阱，导致模型的外推能力较差。

在这一章中，我们重点关注股票多因子策略中的"食材"，包括因子的来源，基本单因子的计算案例，单因子的处理流程，以及如何去评判一个因子的好坏。我们会通过详细计算大小盘因子、ROE 因子、RSI 因子来熟悉因子的计算过程。同时在计算大小盘因子的过程中，会详细介绍因子的处理流程，包括因子处理的方法以及这些方法背后的金融含义。

4.1 因子的来源

因子来源其实就是我们寻找"食材"的过程。这一过程是在回答"什么样的因素会导致股票上涨或下跌？"或者"涨得好（坏）的股票都有什么样的特点？"这两个问题。

从大的因子分类来看，本书将因子分为财务因子、分析师一致预期因子、技术因子以及其他因子这 4 大类。

4.1.1　财务因子

前面提到，寻找因子等同于寻找驱动股票上涨/下跌的因素，那么公司的财务状况就是最容易想到的一类因子。财务因子最重要的数据来源就是 3 张财务报表：资产负债表、利润表和现金流量表。绝大部分财务因子是利用财务报表中的科目做一些合理的运算、修正、合成而形成的。可以将通过处理财务报表获得的财务因子再分成 5 类：估值因子、盈利因子、营运因子、成长因子和现金流因子。

1. 估值因子

最常见的估值因子有 PE、D/P、PB、PS、PEG 等。估值因子背后的逻辑：我们认为市场是非理性的，在很多时候对一些信息会过度解读，导致市场情绪过度反应，从而阶段性地形成对某些个股的高估与低估。而估值存在均值回复的特性，所以定期卖出被高估的股票、买入被低估的股票就可以获得收益。

基于这样的逻辑，通常在多因子模型中会有一系列的估值因子。

2. 盈利因子

上市公司的核心竞争力就是盈利能力，这是毋庸置疑的。通常我们会使用 ROE、销售净利率这些因子来衡量上市公司的盈利能力，进而构造出盈利类因子。其背后的逻辑也显而易见：盈利能力强的公司，其股票往往具有较大的上涨空间。

此外，盈利因子还包括由盈利派生出来的因子，例如盈利稳定性因子。其背后的逻辑是：盈利稳定的公司应当具备稳定性溢价，继而可以获得超越市场的收益。

3. 营运因子

通常我们衡量一家上市公司的营运能力会使用存货周转率、总资产周转率等指标。同样地，这些指标在计算后可以被直接作为因子，也可以计算这些指标的同比或环比并将其作为因子，例如存货周转率的变化率等。

4. 成长因子

成长因子刻画的是上市公司业绩增长的速度，常用的指标有 EPS 的同比增长、ROE 的同比增长、营业额的同比增长、利润总额的同比增长等。成长因子的逻辑更加简单：处于高速增长期的公司具有更好的前景，因此其股票具有更大的上涨空间。

5. 现金流因子

现金流对于一家公司来说非常重要，缺少现金流的公司往往是朝不保夕的。从财务角度来讲，利润表是按照权责发生制来编制的，而现金流量表则是根据收付实现制来编制的。

通常，刻画公司现金流情况的因子有现金流稳定性因子、经营现金流质量因子等。

4.1.2　分析师一致预期因子

券商（投行）都会有自己的研究所，研究所的卖方分析师的一个重要产出成果就是卖方研究报告。分析师们会通过对上市公司调研、分析公开数据和与行业内的专家交流等方式了解上市公司的概况，然后融入自己的逻辑推理，最终写出相应的报告。报告中通常会对上市公司的盈利进行预测，给出股票买入或者卖出等评级。例如，在网上有一篇关于兆易创新的公开的研报，如图 4-1所示。

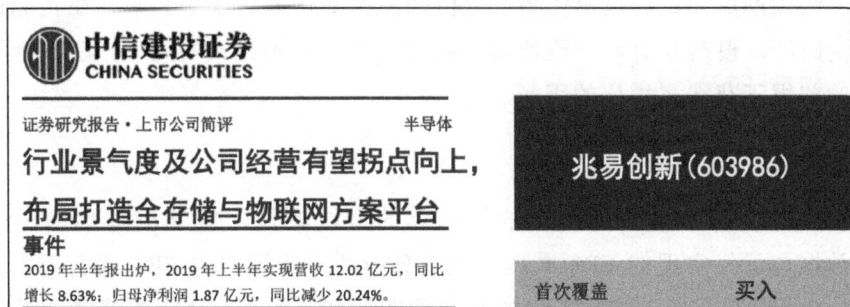

图 4-1　公开的研报

某分析师也写了一篇关于"兆易创新"的研究报告，并将该上市公司评级为"买入"。同时，在研究报告下面给出了这家公司今后数年的盈利预测，如下图 4-2 所示。

预测和比率

基本指标	2018A	2019F	2020F	2021F
EPS	1.264	1.530	2.076	2.792
BVPS	5.92	15.67	17.43	19.81
PE	113.93	94.10	69.35	51.55
PEG	3.77	3.11	2.29	1.70
PB	24.32	9.19	8.26	7.27
EV/EBITDA	72.94	76.11	55.67	41.15
ROE	21.35%	9.76%	11.91%	14.10%

图 4-2 分析师盈利预测表

其实分析师群体对一只股票的涨跌是有一定话语权的。这个话语权来源于两个方面。

（1）分析师付出了自己的劳动，对公司进行了调研、数据研究等，其预测结果具有一定的增量信息，可以用于辨识公司未来的运营发展情况。

（2）市场上有投资者会关注分析师的报告，并且参考分析师的意见进行股票的投资，继而影响股价。

无论是哪种因素在起作用，从逻辑上来讲，这一类因子都可能对股票的涨跌具有较好的预测能力。

因此，我们可以把市场上所有的卖方分析师发布的预测数据整合起来，并做相应的处理，从而构建一系列的分析师一致预期因子。这里我们简单介绍 EPS 一致预期变动、评级变化率、分析师热度变化率这 3 个因子。在实际过程中，我们可以根据分析师一致预期的数据来进行多种形式的处理，在符合经济逻辑的前提下获得多样化的因子。

1. EPS 一致预期变动

利用分析师一致预期数据的最简单的方法就是比较分析师预测出来的 EPS 数据与已经实现的 EPS 数据。如果分析师一致预期的 EPS 远高于当前的 EPS，那么说明市场对这一公司的盈利预期很高，往往有较多投资者看好。反之，则说明公司处于下行通道，股价往往受挫。

2. 评级变化率

在国内，卖方分析师的研究报告往往会对股票做出买入、增持、中性、减持或卖出这样的评级，例如之前提到的研报最后就有相应的评级说明。在图 4-1 中，我们可以看到分析师给出的评级是买入，对照报告最后的评级说明（如图 4-3 所示），可以知道"买入"这一评级的具体含义。

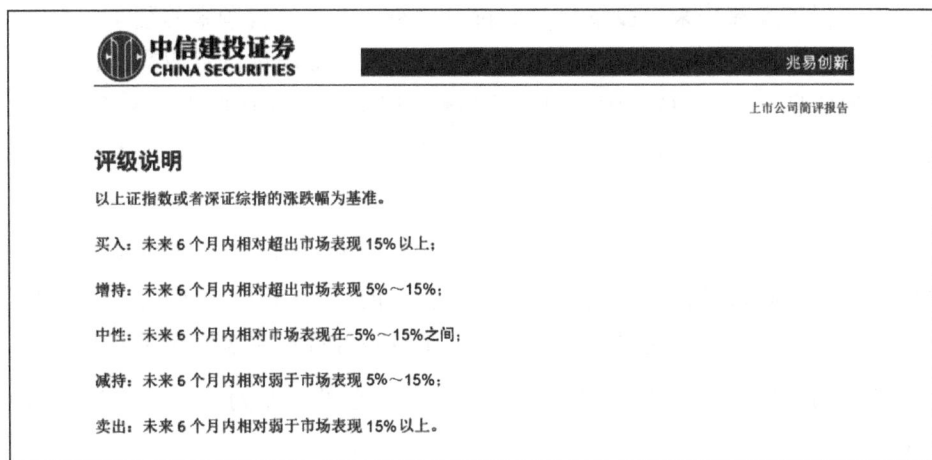

图 4-3　评级说明

对于同一只股票，我们可以收集一下其过去一段时间发布的研报中，每一个评级的数量占比。如果负面评级的占比在上升，那么后续该股票可能面临较大的下跌风险。我们可以根据负面评级的占比变化或者正面评级的占比变化构建"评级变化率因子"。

3. 分析师热度变化率

市场上的卖方分析师的数量在短时间内不会有特别大的变化，所以在较短时间内研究报告的产出数量基本是固定的。如果某只股票的研究报告突然多了起来，就说明卖方分析师们越来越关注这只股票了。

基于这样的逻辑，我们可以针对每一只股票计算其某一段时间发布的研究报告数量总和的环比变化率，并据此来构建"分析师热度变化率因子"。

4.1.3 技术因子

技术类因子在经济直觉上不如财务因子和分析师一致预期因子等逻辑清晰，但是在二级市场上，很多股票上涨/下跌的理由可能就是简单的资金驱动，比如跌破20日均线造成恐慌导致的下跌等。

技术因子大部分来自股票自身的价量信息。例如日度频率的因子，在其构造过程中通常只会用到开盘价、收盘价、最高价、最低价以及成交量、换手率等常见的信息。此外，技术因子更新周期快。财务因子往往以季度为更新频率，而技术因子则可以根据我们需要的频率进行调节，在这一点上，技术类因子显然灵活很多。

最常用的技术因子是"动量因子"，即过去特定时期的累计收益率，例如可以将每一只股票过去一年的收益率作为股票的动量因子。这样的因子之所以有效，是因为资金存在趋势追踪的特点，市场也往往有强者恒强的特性。

除了动量因子，别的一些常见的技术指标也可以作为因子，例如乖离率BIAS。

乖离率BIAS的计算公式为：

$$\text{BIAS} = [(\text{当日收盘价} - N\text{日平均价})/N\text{日平均价}]$$

式中的N通常取值为6、12或24。

此外，通过成交量也可以计算许多因子，例如换手率因子等。

4.1.4 其他因子

有许多因子使用的是另类数据，或者构造因子的逻辑比较独特，笔者把它们归类到"其他因子"这一大类中。这里简单以另类数据因子和ESG因子作为例子。

1. 另类数据因子

随着互联网技术的发展，特别是移动互联网技术及即将到来的物联网技术的发展，数据已经变成了极为重要的资源。每一次网络技术的发展，都会使人类创造的数据以指数级的速度增长。而在这些数据中，有一些可以帮助我们用于预测股市的涨跌。

例如在雪球、东方财富股吧、集思录等投资者公开交流的网站中，用户产生的内容可以代表当前市场参与者的情绪；淘宝等电商平台的销售数据往往可以作为部分上市公司产品销量的前瞻指标；招聘网站的招聘数据可能隐藏着公司业务扩张的信息等。

这些数据往往是非结构化的，需要通过一定的方法进行清洗、处理之后才可以构成因子。

2. ESG 因子

ESG 是 "Environment、Social Responsibility、Corporate Governance" 的缩写，指环境、责任和公司治理。

ESG 因子目前在海外比较流行，而在国内则较少被提及。ESG 因子背后的逻辑是公司的价值有一部分会通过对环境的保护、对社会的外部性和公司内部治理的合理性所体现出来。如果公司能够有长远的目标，在 ESG 方面进行努力，那么该公司往往容易获得市场的认可，从而其股价也能具有较好的表现。

4.2　大小盘因子

第 4.1 节概述了因子可能的来源及其背后的逻辑，本节重点介绍一个最常见的因子：大小盘因子。希望通过对大小盘因子的计算和数据的处理，使读者能够理解最基本的因子处理流程。

4.2.1　大小盘因子的定义

大小盘因子应该是所有因子中最容易理解的一个，尤其是在我国的资本市场上。对我国股市有一点了解的投资者都知道，股民们经常会说"这个股票盘子太大，涨起不来"。这里的"盘子大"指的就是股票的市值大。图 4-4 是上证 50 和中证 500 这两个指数在 2005—2019 年的累计收益率曲线。

上证 50 和中证 500 这两个指数背后的个股行业的分布差异很大，但是市值是这两个指数最显著的差异。通常我们会用这两个指数之间的关系来判断市场上大小盘股票走势的相对强弱。

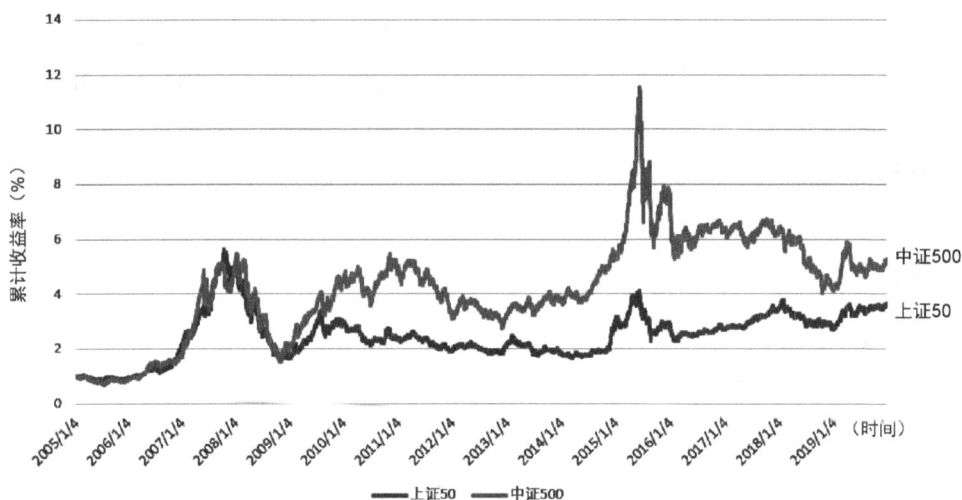

图 4-4　上证 50 与中证 500 累计收益率曲线

观察图 4-4 的曲线我们发现，有的时候中证 500 走势会比上证 50 的走势强势，有的时候则是上证 50 的走势更加强势一些。例如在 2009—2011 年，中证 500 的上涨幅度明显超过上证 50；再比如 2011—2013 年，这个时间段上证 50 下跌较少，而中证 500 则有较大幅度的下跌。由此我们可以发现，市值的大小对股票的涨跌是有较大影响的，这也是为什么会有"盘子太大，涨不起来"这一说法的原因。

从整体上来看，在 A 股过去的历史中，中证 500 代表的中小市值股票是跑赢上证 50 代表的大市值股票的，也就是投资者更加偏好小市值股票。从经济逻辑上来讲，对于小市值公司能够获得超额收益这个现象有以下 3 个原因。

（1）小市值的公司往往是新兴企业，未来经营具有很大的不确定性，所以投资者投资小市值的公司需要获得相应的风险溢价，故小市值公司的股票表现会好于大盘股。

（2）我国股市的投资者炒作情绪较浓重，在一个不能做空的市场，往往炒作情绪越浓重的板块越容易产生超额收益。由于小盘股往往是炒作的对象，因此小市值公司股票表现会有好于大盘股的表现。

（3）小市值的公司往往都是轻资产的公司，成长性较好。在我国这样一个增速较快的经济体中，这一类公司往往具有更好的前景，从而其股价涨幅较好。

4.2.2　大小盘因子的计算

前面学习了大小盘因子的实证基础和经济逻辑，我们就需要用数据来量化这一因子。衡量股票"盘子"大小的指标有很多，例如股票的总市值、流通市值、A 股上市市值等。考虑到各上市公司的股权结构存在差异性，我们在计算市值因子的时候，通常会用到公司的总市值。计算上市公司总市值的公式如下：

上市公司的市值大小 ＝ 上市公司发行总股本×A 股市场股票价格

我们抽取任意一个交易日，把根据上述公式获得的上市公司市值大小绘制为直方图（如图 4-5 所示）。

```
In:
trading_data_2019[trading_data_2019['data_date'] == '2019-05-27']
['mv'].hist(bins=100)

Out:
```

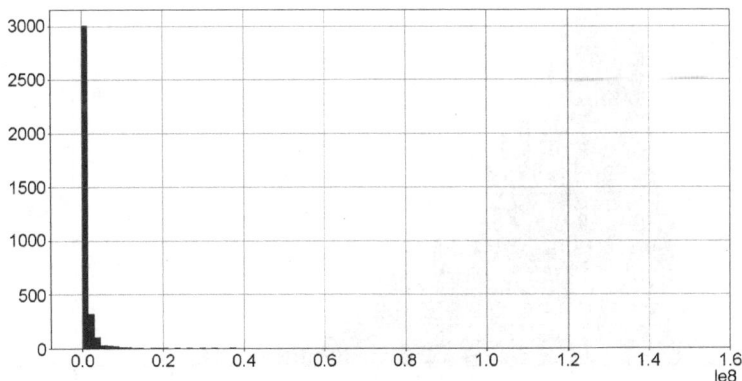

图 4-5　上市公司市值分布直方图

我们会发现这个分布严重右偏，这是因为我国中小市值的公司特别多，市值分布极度不均匀。大的公司如中国平安、工商银行等，市值规模上万亿元；而有的小公司的市值仅有十几亿元甚至数亿元。大市值的公司数量少，中小市值的公司则多如牛毛，这样的市场特征就形成了图4-5这样的市值分布。

此外，我们还可以发现一个问题：小公司和大公司的市值之间虽有上千倍的差距，但是反映在股票市场上，市值因子造成的股票涨跌差距却不会这么大。例如，某一天市场偏好大盘股，那么两只相同行业的股票，其中市值大的股票可能上涨3%，而小盘股可能上涨1.5%，但是这两个公司的市值差异可能是100倍甚至1000倍。

这就要求我们对这一因子进行一系列的处理来改变这种因子数据分布的不均衡和不合理。

改变这一因子数据分布不均衡和不合理最简单的方法就是对市值取对数。根据上面的讨论发现，不同股票在这个因子上的差别往往是指数级的，但是实际差异却是线性的。因此对市值因子取对数可以使得市值分布更加合理、均匀，更加符合实际的经济现象，从而真实反映股票市场。对上面的市值进行对数处理后的市值分布直方图如图4-6所示。

```
In:
np.log(trading_data_2019[trading_data_2019['data_date'] ==
'2019-05-27']['mv']).hist(bins=100, figsize=(18, 9))
```

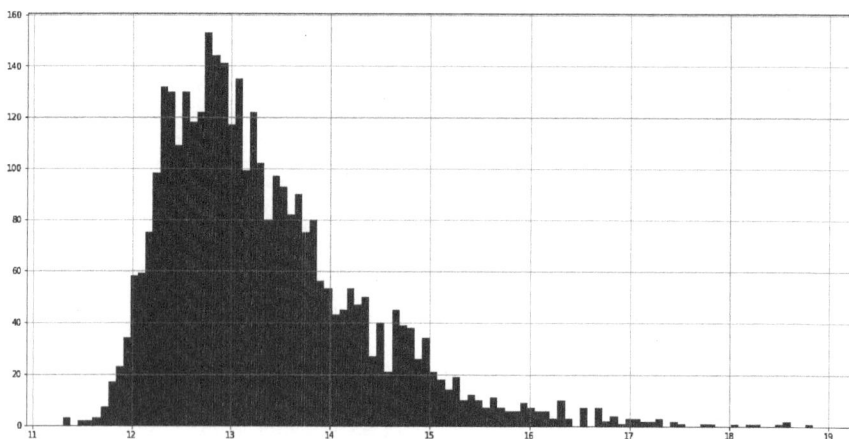

图4-6　取对数后的市值分布直方图

图 4-6 的分布显得较为均匀，与图 4-5 的分布相比，更加趋向于一个正态分布，也更加能够反映市值因子在金融市场中的真实影响。

4.2.3　大小盘因子的处理流程

我们已经定义了大小盘因子，同时采用了对原始因子取对数的方式使得因子的分布更加合理、因子的数值更加贴近金融含义。在这些步骤之后，就需要对因子数据进行处理了。这一部分我们介绍因子处理的 3 个步骤：去极值与异常值、标准化、中性化，并分别介绍这些步骤的含义与作用。

4.2.4　去极值与异常值

去极值与异常值是整个因子处理过程中的第一步，我们先引入 3 个概念：面板数据、截面数据和时间序列数据。

面板数据是最常见的一种数据类型，之前我们反复使用的 trading_data_2019 数据集就是一个典型的面板数据。

面板数据：在数据集合中既有同一时刻下多个不同个体的数据，也有单个个体在不同时刻下的数据。例如，trading_data_2019 数据集中含有 2019 年某一交易日所有上市股票的行情数据；同时，任意一只上市的股票在这个数据集中都可以找到 2019 年每一个交易日的行情数据。也就是说，对于面板数据可以从两个维度进行考察：时间维度和个体维度。

如果单独把面板数据中某一个时间点的数据拿出来，形成只有一个时刻、多个个体的数据集，那么这个数据集就叫作截面数据。

例如下面的代码将 2019 年 5 月 27 日这一天的数据单独拿出来进行考察，生成了一个截面数据集（如表 4-1 所示）。

```
In:
trading_data_2019[trading_data_2019['data_date'] == '2019-05-27']

Out:
```

表 4-1　截面数据示例

data_date	secucode	daily_return	mv	free_mv	turnover	ind_code
2019/5/27	000001.SZ	0.001619	2.12E+07	2.12E+07	0.004936	480000
2019/5/27	000002.SZ	0.006711	2.63E+07	2.62E+07	0.000961	430000
...	...	...	...	...	...	...
2019/5/27	603998.SH	0.03782	4.07E+05	3.97E+05	0.064843	370000
2019/5/27	603999.SH	0.033028	3.24E+05	3.24E+05	0.012597	720000

如果我们只考察某一只个股，那么获得的数据就是时间序列数据。例如下面的代码单独获取了代码为 000001.SZ 的股票的时间序列数据（如表 4-2 所示）。

```
In:
trading_data_2019[trading_data_2019['secucode'] == '000001.SZ']

Out:
```

表 4-2　时间序列数据示例

data_date	secucode	daily_return	mv	free_mv	turnover	ind_code
2019/1/2	000001.SZ	−0.020256	1.58E+07	1.58E+07	0.003418	480000
2019/1/3	000001.SZ	0.009793	1.59E+07	1.59E+07	0.002608	480000
...	...	...	...	...	...	...
2019/12/30	000001.SZ	−0.003608	3.22E+07	3.22E+07	0.003038	480000
2019/12/31	000001.SZ	−0.007242	3.19E+07	3.19E+07	0.002207	480000

结合面板数据和时间序列数据的例子可以发现，所谓的面板数据其实就是截面数据在时间序列上的积累。

之所以讨论这 3 种数据类型，是因为我们在进行因子处理的时候，都是针对每一个截面数据的处理。无论是异常值的去除还是因子值的标准化，都在一个时间点的截面数据中，将所有股票的因子值作为一个数据对象进行处理。因子模型的本质就是在某一个时刻对股票打分，并通过买入得分高的股票，卖出得分低的股票来获利。

我们的因子处理示例选用了一个截面数据（2019 年 5 月 27 日），读者可以将其扩展到整个时间序列，进而获得整个历史的因子值（通过 group-apply 方法）。下面的 sub_trading_data 变量中的数据是 2019 年 5 月 27 日截面数据的

DataFrame。

```
In:sub_trading_data = trading_data_2019[trading_data_2019
['data_date'] == '2019-05-27']
```

接下来我们重点讨论极值和异常值的处理问题。

在观察了取对数后市值因子的分布图（图 4-6）之后，我们发现，虽然取对数使市值因子的计算方法更加合理了，但该分布依然是一个严重右偏的分布，因此仅对市值进行这样的处理是远远不够的。我们可以简单计算一下这一分布的偏度。

```
In:
sub_trading_data['size'] = np.log(sub_trading_data['mv'])
sub_trading_data['size'].skew()

Out:    1.2637189510611535
```

从计算的结果来看，取了对数后的市值分布偏度依然达到约 1.26。这样的偏度是由最右侧几个极大的市值造成的。

我们知道，在经济学中有一个很简单的原则叫作"边际效用递减"。举个考试的例子，我们稍微一努力就可以把成绩从 60 分提升到 80 分；但是从 80 分提升到 90 分就需要花费更大的努力；而从 90 分到 100 分则更需要加倍的刻苦努力。这就是"努力"这个因子的边际效用递减。同样地，市值因子也是如此。有的股票市值因子的分数是 6，有的是 2，市值对它们收益率的影响固然会有差异，但是不至于达到 3 倍之多。为了体现这一点，通常的做法是选择一个阈值，将不在阈值范围之内的因子值进行特殊处理，让其体现出"边际效用递减"这一经济现象。而这些被特殊处理的因子值我们称之为"极值"。

对于极值的处理方法，有一很形象的叫法——压缩。当因子值大于或小于某一个阈值的时候，我们就将该因子值设为这一阈值，这一过程体现在分布图上就类似于在两端进行压缩的效果。例如我们将 3 倍标准差设为市值因子的阈值，那么就可以使用如下代码对因子值进行压缩。

我们以均值为中间点，向左右两边各扩展 3 倍标准差，作为因子值的最终范围，下面的代码就可以计算出这一因子值的上下限。

```
In:
size_upper = sub_trading_data['size'].mean() + 3 * sub_
trading_data['size'].std()
    size_lower = sub_trading_data['size'].mean() - 3 * sub_
trading_data['size'].std()
```

在获得了因子值的上下限之后，当因子值大于上限值时，我们将因子值强行修改为上限值；当因子值小于下限值时，我们将因子值强行修改为下限值，代码如下。

```
In:
sub_trading_data['size'] = sub_trading_data['size'].where(sub_
trading_data['size'] < size_upper, size_upper).where(sub_trading_data
['size'] > size_lower, size_lower)
    sub_trading_data['size'].hist(bins=100, figsize=(18, 9))
```

如图 4-7 所示就是以 3 倍标准差为阈值，对市值因子进行处理之后的结果。直观地看，这个分布比之前的分布（图 4-6）要合理很多，看起来就像是用力在原来分布的两端进行"挤压"，使得极大值、极小值被"压"到阈值的范围。

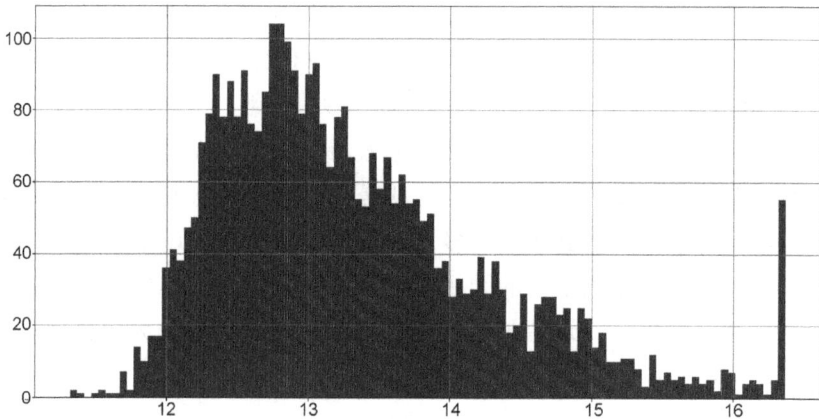

图 4-7　压缩之后的市值分布柱状图

此外，还会存在另一种情况。比如数据源或者某些突发情况造成数据失真，或是我们知道某些公司的财务数据确实存在问题，这些存在问题的数据称为异常值。在计算市值因子的时候我们很少碰到这样的问题，而当计算一些财务因子时，往往会碰到异常值。

假设两家上市公司的总市值都是 100 亿元,其中一家当年利润是-10 亿元,另一家是 10 亿元。我们按照 PE 的计算公式分别计算各自的 PE,会发现它们的 PE 分别是-10 和 10。按照估值因子的逻辑,我们会选择 PE 比较小的股票,因为其估值较低。但是根据前面的情景,PE 为-10 的这家上市公司实际情况是亏损的,并不一定具有很好的投资价值。也就是说,当 PE 小于 0 的时候,其实这一指标已经变得没有意义了,这时应该进行相应的处理。

至于如何处理则见仁见智:比如可以认为 PE 为负的公司不具有投资价值,一律赋值为因子值的上限值或下限值(例如 PE 作为估值因子的逻辑,PE 越高的公司越不具有投资价值,那么 PE 为负的公司应该赋值为上限值)也有部分投资者认为若公司的 PE 为负值,则该公司不适用 PE 这一指标,为负的 PE 不含有任何信息,应该将 PE 最终处理完成后的因子值赋值为 0,即 PE 的值对公司的最终因子得分情况没有任何影响。

由于我们的市值数据中不存在异常值,而且异常值的处理并没有特定的规则,因此具体采用何种方式,取决于投资者对市场的理解,这里不再展开介绍。

4.2.5 标准化

在对异常值进行处理之后,需要对因子进行标准化。

标准化的作用就是去除因子的量纲,让每一个因子之间都可以进行比较、相互叠加。根据之前介绍的多因子模型框架图,最后这些单因子是需要进行组合的,而因子合成的前提就是这些因子具有相同的量纲。

比如我们在买房的时候会考虑房子的使用面积(如 120 平方米)、房龄(如 15 年)、离地铁站的距离(如 600 米)等因素,但是我们无法将 120 平方米、15 年、600 米这 3 个数值进行加减,因为这 3 个因子背后的逻辑是不一样的,数字的单位不一致。同样地,在股票多因子模型中,每个因子背后的逻辑也是不一样的,有的是市值,有的是盈利能力,有的是单纯的技术指标。模型需要把这些因子加总在一起,这就要求各个不同逻辑的因子之间具有相同的量纲。

在数据处理中,解决这一问题的方法就是对因子进行标准化。对因子进行标准化之后就不再有"单位"的概念,而仅是一个被标准化之后的分值(Z-score)。

因子标准化处理的公式如下：

$$x' = (x - \mu) / \sigma$$

式中，x' 为标准化后的因子值，x 为因子的原始值，μ 是因子的均值，σ 是因子值的标准差。

在了解了标准化的原理之后，就可以尝试对经过极值处理的市值因子进行标准化了。被标准化后的市值分布直方图如图 4-8 所示。

```
In:
sub_trading_data['size'] = (sub_trading_data['size'] - sub_
trading_data['size'].mean()) / sub_trading_data['size'].std()
sub_trading_data['size'].hist(bins=100, figsize=(18, 9))

Out:
```

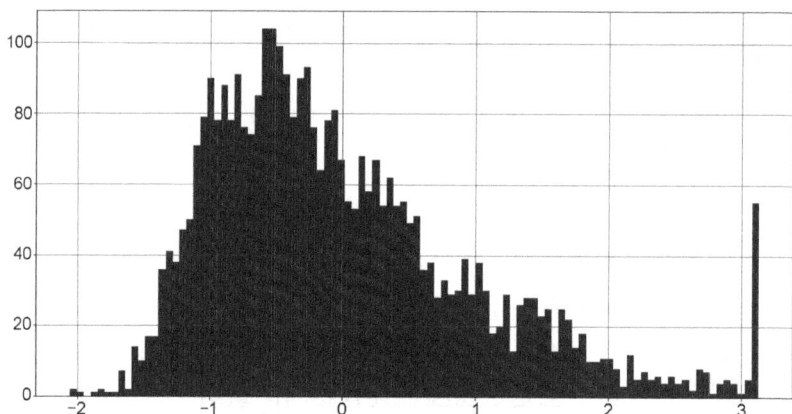

图 4-8　标准化后的市值分布直方图

对比被标准化前后两张市值因子的分布图，我们发现，两张因子分布图的形状没有任何变化，但是横轴的数值范围和大小发生了较大的改变。被标准化之后的因子值分布围绕着 0，而且正负数值都有。也就是说，这个时候的因子值已经不再是"市值"的概念了，而是与同一天股票的市值进行比较之后进行了打分，是一个"分值"的概念，这也是为什么被标准化后的因子值称为"Z-score"的原因。

4.2.6　中性化

前面介绍了因子数据的基本处理步骤，但是将这样的因子作为最终衡量"市值大小"这一股价影响因素是否合理？

在讨论是否合理之前，我们先来讨论一下拳击这项运动。运动爱好者在看拳击比赛的时候经常会听到一个词：量级，而且在比赛过程中会根据参赛选手的量级进行分组。

标准的职业拳击比赛可以分成 17 个级别，最轻的是 48 公斤级；最重的是 86 公斤级以上。那么为什么拳击比赛要分重量级别？

这个问题很简单，就是体重是决定拳击运动输赢的一个重要因素。48 公斤级的选手即使技术再好，反应再快，在 86 公斤级的选手面前，也往往显得不堪一击。同样，因子也存在这种情况。

以市值因子为例，有的行业的公司市值就是大，比如银行；有些行业是典型的轻资产成长型行业，例如传媒。上面计算因子的过程其实如同把所有的行业放在一个擂台上进行拳击比赛，这显然是不合理的。在本节，我们就要通过数据处理的方法来解决这个不合理的问题。

这一方法就是中性化。从之前的讨论中我们发现，对于市值因子，最不合理的做法就是不对行业进行区分。在实际操作过程中，对行业进行区分的进一步处理的方法叫作"行业中性化"。

我们先来看一下有哪些行业分类。目前市场上使用最多的行业分类有以下3 种。

- GICS：全球行业分类系统，是标准普尔与摩根斯坦利公司共同推出的行业分类系统。
- 申万一级行业：申银万国证券研究所发布的行业分类。
- 中信一级行业：中信证券研究所发布的行业分类。

考虑到数据的可得性和行业内的认可度，本书采用的是申万一级行业分类。

根据申银万国证券研究所公布的行业分类标准，将行业按照一级行业、二级行业、三级行业的顺序进行逐级认定。行业分类的认定过程一般遵循如下步骤。

（1）若上市公司的投资收益超过营业利润，则考虑该投资收益来源的行业背景集中度情况，如果来自某一个行业且满足步骤（2）中所述情况，则归入该行业；如果不是都来自某一个行业，则根据步骤（2）~步骤（5）进行判断。

（2）考虑上市公司最近两年的营业收入和营业利润的构成，当某一行业的收入和利润占该公司营业收入和营业利润的比例均超过 50%时，直接归入该行业。当营业收入和营业利润比例不一致时，以利润超过 50%的行业为准。

（3）当上市公司主要业务不符合步骤（2）时，以公司持续经营的业务中收入与利润占比最高且超过 30%的业务为准。公司主要资产不以经营房地产业务为主而参与房地产业务的不属于本条认定的"持续经营业务"。

（4）当多个行业的收入和利润均较为接近时，考虑该公司的发展规划、市场看法及控股公司的背景情况。

（5）当多个行业的收入和利润均较为接近且没有明显的发展规划和控股公司的背景时，归入综合类。

在了解了行业的分类标准后，需要了解如何进行中性化。中性化的数学原理其实很简单，就是将行业变成哑变量后再作为解释变量，而需要中性化的因子则作为被解释变量进行回归。回归的残差项就是被中性化后的因子值。

根据之前介绍的回归模型的概念，如果用行业哑变量来解释因子值，那么不能被行业解释的那一部分就是剔除了行业因素后的因子值。而剔除了行业因素的因子值就是回归模型的残差项，这也正是我们希望获得的行业中性化之后的结果。我们根据这一原理来构建一个获取回归残差项的函数：

```
In:
def industry_neutralization(factor_df, factor_name):
    result = sm.OLS(factor_df[factor_name],
factor_df[list(factor_df.ind_code.unique())], hasconst=True).fit()
    return result.resid
```

这是一个用于计算回归的函数，在前面的章节中已经出现过，其唯一的变化就是函数返回的是回归结果的"resid"变量，这个变量返回的是回归模型的残差项。

首先，我们需要获得行业哑变量。

```
In:
sub_trading_data = pd.concat([sub_trading_data, pd.get_dummies
(sub_trading_data['ind_code'])], axis=1)
```

然后使用行业中性化函数 industry_neutralization 实现对这一天市值因子的行业中性化。行业中性化后的结果如表 4-3 所示。

```
In:
sub_trading_data['size_factor_neuted'] = industry_neutralization
(sub_trading_data, 'size')
    sub_trading_data[['data_date', 'secucode','ind_code','size',
'size_factor_neuted']]

Out:
```

表 4-3　行业中性化后的结果

data_date	secucode	ind_code	size_factor	size_factor_neuted
2019/5/27	000001.SZ	480000	3	0.826689
2019/5/27	000002.SZ	430000	3	2.800855
...	...	...	...	...
2019/5/27	603998.SH	370000	−0.405909	−0.542146
2019/5/27	603999.SH	720000	−0.630843	−0.65016

最后，绘制被中性化前后的因子值分布直方图，如图 4-9 所示。

```
In:
sub_trading_data[['size', 'size_factor_neuted']].hist(bins=100,
figsize=(18, 9))

Out:
```

在图 4-9 中，左图是被中性化前的因子值分布直方图；右图是被中性化之后的因子值分布直方图。可以发现，单纯从分布形状来看，做了行业中性化之后的因子值分布图更加匀称，但不存在质的变化。

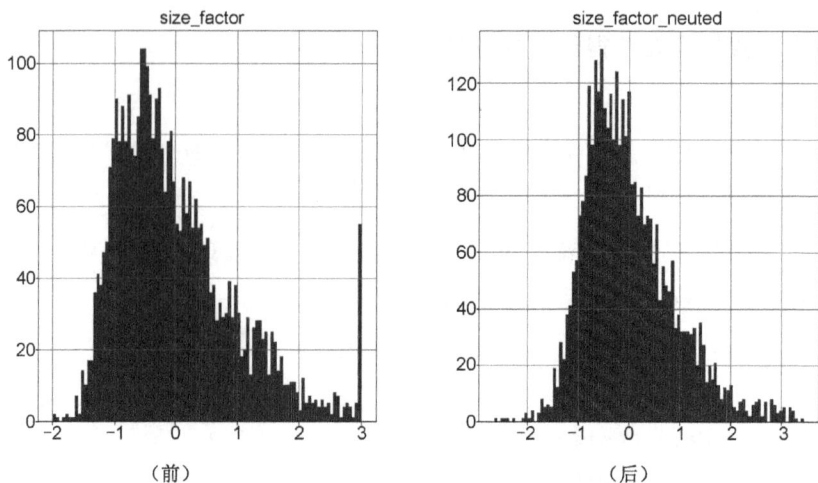

图 4-9　被中性化前后因子值分布直方图

　　此外，值得注意的是，有些因子值在被中性化之后会超过之前设定的-3、+3 的阈值。如果有必要，我们可在中性化之后对部分因子再进行一次去极值的处理。

　　我们以市值普遍较大的银行业和公司数量较多的化工行业为例，来分析一下其市值因子被中性化前后的变化。其中银行业的申万一级行业代码为480000，化工行业代码为 220000。

```
In:
sub_trading_data[sub_trading_data.ind_code == '480000'][['size',
'size_factor_neuted']].hist(bins=100, figsize=(18,9))

Out:
```

银行业市值因子被中性化前后的对比如图 4-10 所示。

　　从图 4-10 来看，银行业市值因子被中性化前后的分布图形状没有任何变化，但是对应的横坐标轴的数值发了改变。

　　同时，我们可以用下面的代码来计算被中性化前后，银行业市值因子的均值。我们发现，在被中性化前，银行业市值因子的均值达到了接近 2.2 的地步，这也证实了之前所说的银行业的上市公司市值普遍较大的情况。而被中性化之后的市值因子均值几乎就是 0。

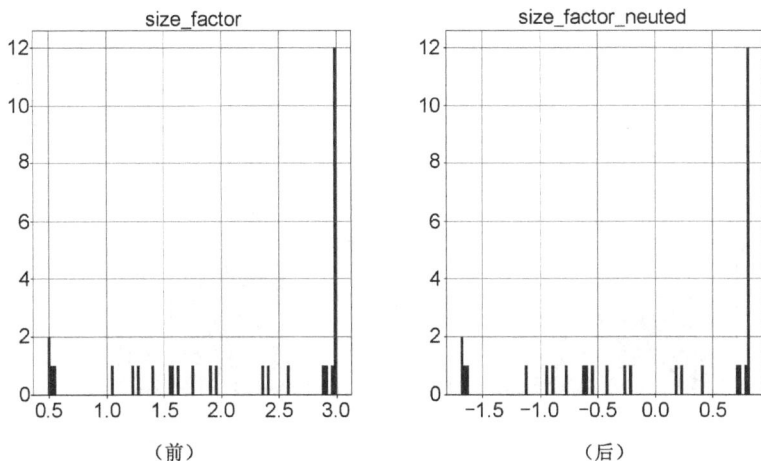

图 4-10　银行业市值因子被中性化前后对比

```
In:sub_trading_data[sub_trading_data.ind_code == '480000']
[['size', 'size_factor_neuted']].mean()

Out:
size_factor          2.173311e+00
size_factor_neuted  -6.314393e-16
dtype: float64
```

绘制化工行业市值因子被中性化前后的对比，得出的结论与银行业一致，如图 4-11 所示。

```
In:
sub_trading_data[sub_trading_data.ind_code=='220000'][['size',
'size_factor_neuted']].hist(bins=100, figsize=(18 ,9))

Out:
```

同样地，我们可以计算化工行业市值因子被中性化前后的均值。可以看到，在被中性化前，化工行业的市值因子的均值极小，在-2.2 左右。从中也可以看出，当我们把化工行业的市值和银行业的市值放在一起比较的时候，是极不合理的。在被中性化之后，化工行业市值因子的均值也几乎是 0。

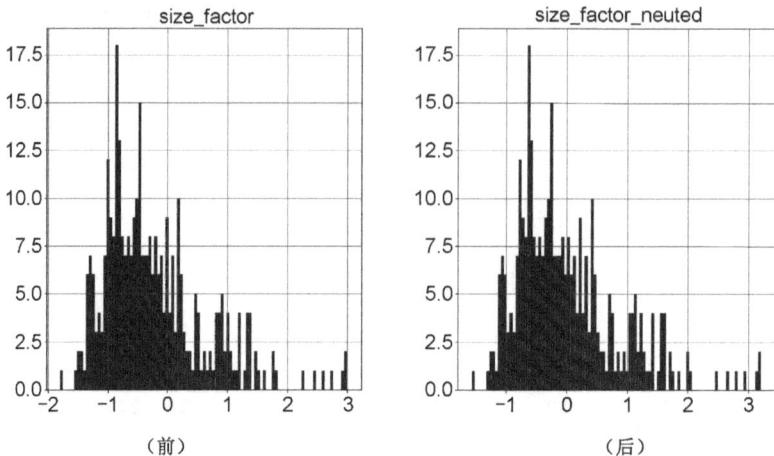

（前）　　　　　　　　　　　　（后）

图 4-11　化工行业市值因子被中性化前后对比

```
In:
sub_trading_data[sub_trading_data.ind_code=='220000'][['size',
'size_factor_neuted']].mean()
Out:
size                    -2.171366e-01
size_factor_neuted      -7.183796e-18
dtype: float64
```

这个例子使我们直观理解了中性化的作用和重要性。

那么，是不是因子处理就到此结束了呢？这里还有一个时间点的问题。

行情数据中的日期是交易当天的日期，例如 2019 年 5 月 27 日的因子需要在收盘后才能通过计算获得，实际使用这些数据需要等到下一个交易日，也就是 2019 年 5 月 28 日。为了避免使用未来信息，就需要将因子数据的时间进行调整。

在本书中，为了以示区别，我们把用于表征因子使用时间的日期命名为"factor_date"。市值因子日期修改的数据示例如表 4-4 所示。

```
In:
size_factor_df = sub_trading_data[['data_date', 'secucode','size',
'size_factor_neuted']]
size_factor_df['data_date'] = pd.to_datetime('2019-05-28')
```

```
    size_factor_df.rename(columns={'data_date': 'factor_date'},
inplace=True)
    size_factor_df

    Out:
```

表 4-4　市值因子日期修改示例

factor_date	secucode	size_factor	size_factor_neuted
2019/5/28	000001.SZ	3	0.826689
2019/5/28	000002.SZ	3	2.800855
...	...	...	...
2019/5/28	603998.SH	−0.405909	−0.542146
2019/5/28	603999.SH	−0.630843	−0.65016

到这一步，2019 年 5 月 27 日（市值因子日期为 2019 年 5 月 28 日）这一天的市值因子就计算完成了，我们可以把它放入数据库或者存成 csv 文件，方便后期调用。

4.3　ROE 因子

净资产收益率（Return on Equity，ROE），又称股东权益报酬率，不仅是一个很好的指标，而且是一个长期有效的指标，甚至可以说其意味着价值投资的本质。ROE 高说明公司在创造价值，是实打实地在向社会输出自己的产品，同时换回相应的回报。

本节就以 ROE 因子为例，介绍一下财务类因子的计算方法。

4.3.1　ROE 因子概述

ROE 因子的定义很简单，但是市场上对其有不同的计算方法。本节采用最近 12 个月的净利润（TTM）与平均股东权益相除的方式来计算 ROE。其中平均股东权益为最新一期财报的股东权益和去年同期财报股东权益的均值。

ROE = 最近 12 个月(TTM)净利润/(0.5 × 最新一期财报股东权益 + 0.5 ×上年同期股东权益)

我们将该公式计算出来的 ROE 因子称为 TTM（Trailing Twelve Months，简称为 TTM，即最近 12 个月）的 ROE。

"最近 12 个月"这个概念会在后续的因子计算说明中经常提到，在这里简单介绍一下。

我们知道企业生产、社会活动在很大程度上会受到季节性和节假日因素的影响，因此在计算经济金融数据的时候，一定要考虑计算过程中是否存在这一类因素。

例如，当我们考察国内一家啤酒生产企业的时候，恰好拿到的是该企业的第三季度财报。如果简单将该啤酒企业三季度财报中的营收和净利润乘以 4 来衡量该企业全年的营收和净利润，则会明显高估该公司的盈利能力。这是因为啤酒的消费主要集中在夏天，也就是第三季度。

此外，节假日也会对单季度或单月份的财务数据造成一定的影响。例如，春节就会使得一季度的生产水平往往处于低点。弥补这种季节性数据影响的最好方法就是追溯过去 12 个月的数据，并进行相加，作为一个整体来考察。对于财报而言则是追溯过去 4 个季度，然后相加。

将过去 12 个月或 4 个季度的数据累加求和作为某一财务指标，就可以称其为"某指标的 TTM"。

TTM 的 ROE 财务数据可以从一些软件直接下载或者自行根据财报计算。这里我们直接给出可以使用的 ROE，存放在本书配套的资源下载文件中的"factor"文件夹下的 roe.h5 文件中。

4.3.2 ROE 因子的计算

ROE 因子的计算过程相对而言较为简单，没有过多的预处理，但其相对于市值因子而言需要考虑的是对异常值的处理。

我们先来简单看一下某一天这一因子的分布。读取 ROE 的因子值（如表 4-5 所示），并展示一下分布情况。

```
In:
roe_factor = pd.read_hdf('./factor/roe.h5')
roe_factor.head()

Out:
```

表 4-5　ROE 因子数据格式

data_date	secucode	roe
2013/1/22	000001.SZ	4.3
2013/1/22	000002.SZ	2.43
2013/1/22	000004.SZ	0.49
2013/1/22	000005.SZ	2.49
2013/1/22	000006.SZ	2.46

在获得 ROE 财务数据之后，选取 2019 年 5 月 27 日的因子值，绘制 ROE 数据分布直方图，如图 4-12 所示。

```
In:
roe_factor[roe_factor['data_date'] == '2019-05-27']['roe'].hist
(bins=100,figsize=(18, 9))

Out:
```

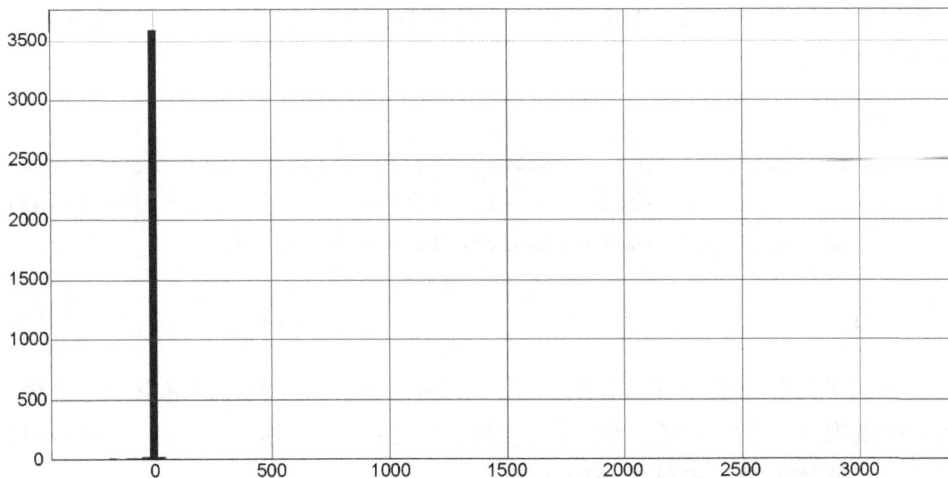

图 4-12　ROE 数据分布直方图

从 2019 年 5 月 27 日这天的 ROE 分布来看，ROE 的原始数据有很大的问题：存在极大的 ROE 数值且有负的 ROE 值。我们知道在计算 ROE 值的时候，净利润部分可能为负数，导致最后 ROE 是一个负值。

对于 ROE 数值为负的公司我们需要差别对待。有的公司可能是科技成长型公司，前期就处于亏损状态，在这种情形下，ROE 为负就不应该是公司的扣分项，当然也不应该是加分项，所以可以设置其因子值为 0；而有的公司是由于业绩不好、经营不善导致的亏损，这个时候，就应该将这些公司的因子值变为压缩后的最小阈值。

由于这一部分数据需要投资者进行主观判断，故在本节中，笔者仅采用一种较为合理的方法作为案例供读者参考。在实际操作过程中，需要读者自行判断数据处理的方法。

首先我们进行简单的极值压缩和标准化处理。

```
In:
roe_factor = roe_factor[roe_factor['data_date'] == '2019-05-27']
roe_upper = roe_factor['roe'].mean() + 3 * roe_factor['roe'].std()
    roe_lower = roe_factor['roe'].mean() - 3 *
roe_factor['roe'].std()
```

同样地，我们使用和市值因子一样的办法获得一个截面数据，并制定了以 3 倍标准差为范围的因子的上下阈值。被常规压缩后的 ROE 因子值的分布如图 4-13 所示。

```
In:
roe_factor['roe'] = roe_factor['roe'].where(roe_factor['roe'] <
roe_upper, roe_upper).where(roe_factor['roe'] > roe_lower, roe_lower)
roe_factor['roe'].hist(bins=100, figsize=(18, 9))

Out:
```

从因子的分布图中可以看到，对于 ROE 因子，这一阈值的选取并不合理。当我们选取 3 倍标准差的时候，即使对因子值进行了压缩，最终的分布也不尽如人意，两侧的异常值显得极为突兀。

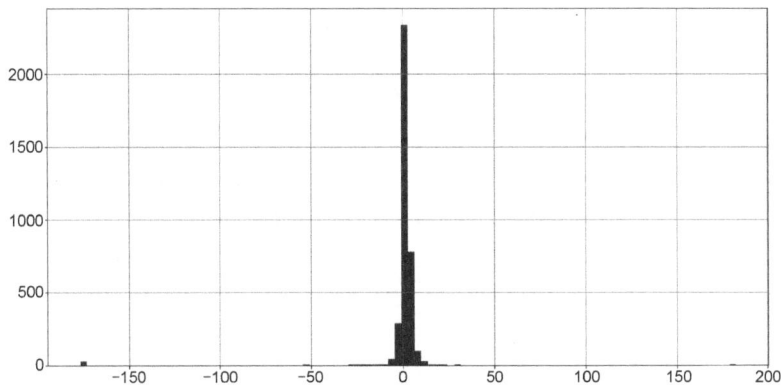

图 4-13　被常规压缩后的 ROE 因子值分布

实际上，ROE 因子是一个财务因子，本身有很强的经济意义，可以直接设置其阈值。例如，我们可以将 ROE 上边界设定为 30%，下边界设定为 0。当然，这里阈值的设定需要投资者融入自己的观点，甚至可以随着不同的市场环境的变化而变化。按照这一方法进行压缩后，因子值的分布直方图如图 4-14 所示。

```
In:
roe_factor['roe'] = roe_factor['roe'].where(roe_factor['roe'] < 30,
30).where(roe_factor['roe'] > 0, 0)
roe_factor['roe'].hist(bins=100, figsize=(18, 9))

Out:
```

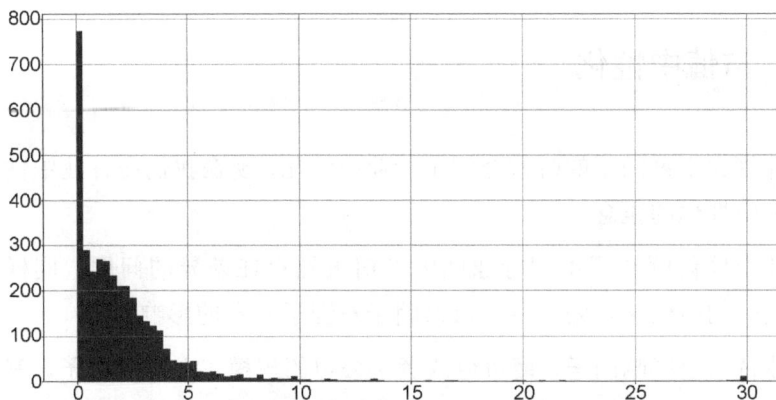

图 4-14　主观阈值压缩后的 ROE 因子值分布直方图

在处理完极值后，我们进行因子的标准化，结果如图 4-15 所示。

```
In:
roe_factor['roe'] = (roe_factor['roe'] - roe_factor['roe'].mean())
/ roe_factor['roe'].std()
roe_factor['roe'].hist(bins=100, figsize=(18, 9))

Out:
```

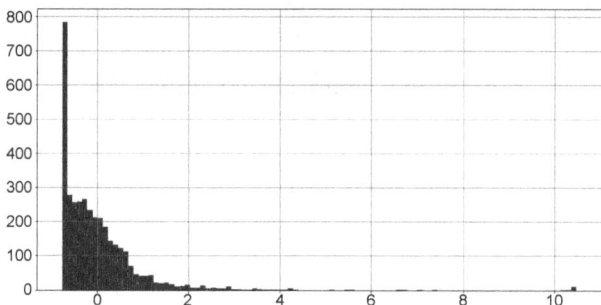

图 4-15　标准化后的 ROE 因子值分布

该分布虽然不像市值因子的分布那样具有较好的对称性，但是这一数据处理的结果隐含着投资者的投资观点。例如，ROE 最高限度 30%的选取与我国资本市场近十几年来具有长期稳定高 ROE 公司的 ROE 平均水平相一致。ROE 超过 30%的公司，通常是周期行业在周期顶部形成的不可持续的 ROE，很难保证公司一直处于高 ROE 状态。

4.3.3　市值中性化

在计算大小盘因子的时候介绍了行业中性化，现在我们在行业中性化之外引入市值中性化的概念。

行业中性化解决了不同行业间因子值天然存在差异的问题。同样地，引入市值因子的中性化是为了避免市值因子对因子本身的影响。

行业特性会影响因子，而市值或者说公司的规模也会影响因子。例如在同一个行业中，大市值的公司和小市值的公司往往体现出不同的特征。公司规模大往往借贷成本低，同时相对于行业中的其他公司来说处于较为成熟的时期，估值相对会较低。

当我们对因子进行"行业+市值"的中性化之后，就可以剔除"公司所处行业"和"公司规模"这两个因素对因子本身的影响。

我们先来编写一个用于市值中性化的函数，其与之前的行业中性化函数几乎一致，只不过在解释变量中多了一个"size"。

```
In:
def industry_and_size_neutralization(factor_df, factor_name):
    result = sm.OLS(factor_df[factor_name],
factor_df[list(factor_df.ind_code.unique()) + ['size']],
hasconst=False).fit()
    return result.resid
```

然后利用之前市值因子行业中性化中使用过的行情和行业数据，来进行数据整合，并使用上面这一中性化函数进行 ROE 因子的市值行业中性化。ROE 中性化后的数据示例如表 4-6 所示。

```
In:
roe_neuted_df = pd.merge(sub_trading_data, roe_factor[['secucode',
'roe']])
    roe_neuted_df['roe_neuted'] = industry_and_size_
neutralization(roe_neuted_df, 'roe')
    roe_neuted_df[['data_date','secucode', 'roe_neuted']]
Out:
```

表 4-6　ROE 中性化后数据示例

data_date	secucode	roe_neuted
2019/5/27	000001.SZ	−0.275693
2019/5/27	000002.SZ	−1.23076
...	...	...
2019/5/27	603998.SH	−0.079433
2019/5/27	603999.SH	−0.45166

4.4 RSI因子

本节将以 RSI（Relative Strength Index）这一技术指标作为技术类因子的例子来讨论技术因子的计算与处理。

读者对 RSI 这个技术指标应该不会感到陌生，这一指标就是相对强弱指数，反映的是一定时期内某只股票的市场情绪。

4.4.1 RSI 指标计算

RSI 的定义较多，本书中采用如下的 RSI 计算方式：

$$RSI = 100 \times RS/(1+RS)$$

其中，RS 为 N 天内股票收盘价上涨数之和的平均值与 N 天内收盘价下跌数之和的平均值的比值。通常 N 取 14。为了方便读者理解，我们进行举例说明，假设现有一只股票，前 15 天的收盘价如表 4-7 所示。

表 4-7　收盘价示例表

日期	价格（元）	涨跌（元）
前 15 天	23.4	
前 14 天	22.3	−1.1
前 13 天	22.2	−0.1
前 12 天	20.9	−1.3
前 11 天	21.0	0.1
前 10 天	21.9	0.9
前 9 天	22.4	0.5
前 8 天	22.8	0.4
前 7 天	23.5	0.7
前 6 天	25.5	2
前 5 天	24.8	−0.7
前 4 天	25.0	0.2
前 3 天	25.8	0.8
前 2 天	25.9	0.1
前 1 天	26	0.1

因为涨跌为两天价格之差，所以表 4-7 中只有 14 天涨跌价格。该股票在前 14 天内的收盘价上涨金额之和：0.1+0.9+0.5+0.4+0.7+2+0.2+0.8+0.1+0.1=5.8 元；14 天内收盘价下跌金额绝对值之和：1.1+0.1+1.3+0.7=3.2 元。那么 RS = (5.8/14)/(3.2/14)≈1.81。由于 RSI = 100×RS/(1+RS)，所以 RSI = 100×(1.81/(1+1.81)) 的计算结果约为 64.4。

在一般的技术分析中，我们通常会通过查看 RSI 的数值来判断当下的市场强弱情况。最简单的方法就是当数值超过一定阈值时（例如 70 或者 80）认为市场超买，应该卖出；当数值低于 30 或 20 的时候，认为市场超卖，应当买入。

4.4.2　RSI 因子的定义与计算

RSI 是一个逆向思维的指标，其大于某一个阈值的时候应卖出，小于某一个阈值的时候应买入，而在中间区段往往是不做操作的，但因子往往是一个连续的数值。这里就需要考虑一个问题，直接使用 RSI 值作为原始的因子值是否合理？

一般我们将传统的技术指标转化为因子值的时候会从以下两个方面来判断直接使用因子值是否合理以及如何去修改。

（1）技术指标量化后的数值是否需要使用价格来进行归一化。本节介绍的 RSI 指标不存在这个问题，但是有些被量化之后的技术指标数值可能需要做进一步处理。例如，部分通过均线系统量化而来的因子，以一快、一慢两根均线之间的差值作为因子值，此类因子就存在归一化的问题。

我们知道均线其实就是对价格的平均，两根均线做差之后的值和价格的绝对值大小有很大的关系。股价绝对值大的股票，均线的差值也大。因此以均线做差计算得到的因子，往往需要除以股票的收盘价进行归一化。

（2）是否需要非线性变换。这和指标的使用规则有关，例如，有些指标可能在中间区域买、两端卖，这个时候就需要对数值进行非线性变换。本节介绍的 RSI 显然不存在这个问题，我们可以直接使用 RSI 的原值作为初始的因子值。

在计算 RSI 之前，我们先说一个小技巧。对股票比较熟悉的读者都知道，股票其实有 3 种价格：前复权价格、后复权价格、不复权价格。由于存在价格差异，故使得在计算 RSI 的时候出现一个问题：我们应该用哪一个价格？

其实使用前复权价格和后复权价格都是合理的，但是不可以使用不复权的价格。在本书中，笔者提出一个更加方便的方法，就是"价格指数化"。

我们在计算技术指标的过程中如果要用到一系列的价格，那么应尽可能通过股票的收益率来计算股票的价格指数，然后计算技术因子。例如下面这段代码。

```
In: def RSI_cal(rolling_ser):
    price_ser = 100 * pd.Series(rolling_ser).add(1).cumprod()
    price_ser_diff = price_ser.diff(1).dropna()
    RS = sum([item for item in price_ser_diff if item > 0]) /
sum([-item for item in price_ser_diff if item < 0])
    return 100 * (RS / (1 + RS))
```

上面这个函数就是用于计算 RSI 因子值的函数，传入的参数是一组日度收益率的数据。沿用之前的方法，先将收益率加 1 后进行累乘，然后乘以 100 作为价格指数序列。

根据 RS 的定义，首先我们通过"diff"这一 Pandas 自带的差分函数获取每天的价格变动，然后将上涨和下跌的价格求和，最后计算 RSI。

下面以 2019 年中国平安的数据为例来展示一下计算过程。

首先绘制中国平安 2019 年的累计收益率曲线，如图 4-16 所示。

```
In:
trading_data_2019[trading_data_2019['secucode'] ==
'601318.SH'] .set_index('data_date')['daily_return'].add(1).cumprod(
).plot(figsize=(18,9))

Out:
```

然后绘制中国平安在这一时间段的 RSI 指标图（如图 4-17 所示）。

```
In:
trading_data_2019[trading_data_2019['secucode'] == '601318.SH']
.set_index('data_date')['daily_return'].rolling(15).apply(RSI_cal).p
```

```
lot(figsize=(19, 9))
```

Out:

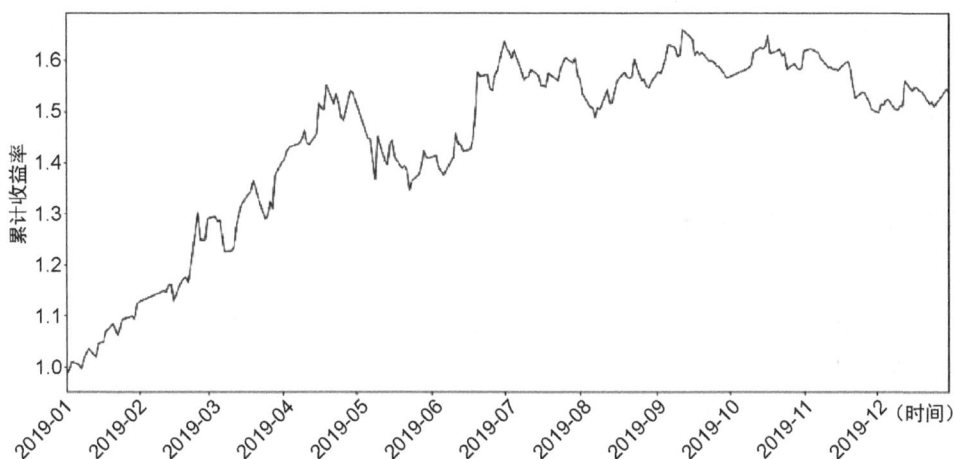

图 4-16 中国平安 2019 年累计收益率曲线

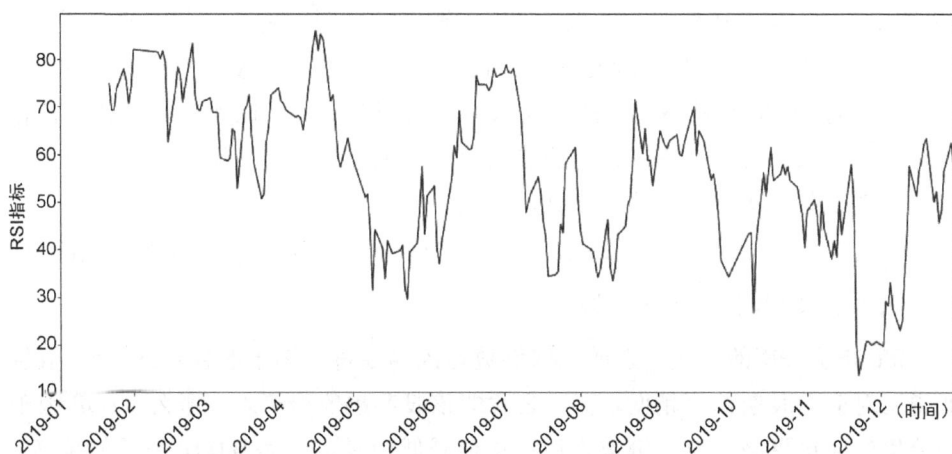

图 4-17 中国平安 2019 年 RSI 指标

对于 RSI 因子的标准化、极值处理、中性化等一系列操作与前面的市值因子和 ROE 因子类似，在此不再赘述。

4.5 其他因子的计算

由于篇幅限制，本书难以逐个讲解因子的详细计算过程。前面 3 个小节分别展示了 3 个因子的计算与处理流程，本节将简单讨论一下其他较为常见的几个因子。

4.5.1 BTOP 因子

刚刚进入股市的投资者一般最先学习的是 PE（利润收益率）和 PB（平均市净率）两个财务指标。严格来说，PE 和 PB 都属于估值指标，通常认为它们的值越小，其对应的股票估值越低、越值得买入。但是在多因子模型中，我们更多地使用 ETOP（PE 的倒数）或者 BTOP（PB 的倒数）作为指标。

以 PB 为例，PB 就是上市公司的市值与上市公司的账面价值的比值。如果 PB 值小于 1，那么从直觉上来说，我们能够打折买到一家上市公司的股票，公司的账面价值就是公司的资产减去负债。这听起来是一件很好的事情，而且有很多公司的 PB 值都是小于 1 的。这背后的原因有很多，比如市场预计银行存在隐性的坏账，因此财务报表上的账面价值是被高估的；又如有些传统的上市公司，其设备其实并不值那么多钱，这同样导致账面价值被高估。

但不可否认的是，PB 确实是一个衡量估值的好指标，甚至在牛市的时候，会出现"消灭 PB 值低于 1 的股票"这样的口号。

BTOP 是 PB 的倒数，之所以取倒数是因为要符合因子的直观性。PB 值越低说明对应的股票估值越低，言下之意即该股票越值得买入，那么 BTOP 因子的分值就应该更高。取了倒数之后，估值越低的股票，其 BTOP 因子值越高。

在具体使用财务数据的时候，我们往往会使用最新一期的财务报告中的"不含少数股东权益的股东权益合计"这一项作为账面价值，BTOP 的计算公式为：

BTOP=最新一期不含少数股东权益的股东权益合计/公司总市值

对于 BTOP 因子，有一点值得注意：有些公司的股东权益合计可能为负。从异常值处理的角度出发，此时因子值应该赋值为最小阈值。

4.5.2 ROE 稳定性因子

除了 ROE（净资产收益率）自身之外，ROE 的波动性也是一件值得注意的事情。

有些公司近些年的 ROE 可能一直保持在高位，但把时间拉长之后，ROE 会体现出忽高忽低的周期性。这一情况在周期行业的上市公司中尤为明显，例如钢铁、煤炭类的上市公司。周期行业公司的 ROE 往往波动较大，在好的年份 ROE 可以达到 100%，而在差的年份几乎全行业亏损。

因此，如果仅看 ROE 的绝对数值往往就会失真。我们希望挑选出来 ROE 高且较为稳定的公司，基于这样的逻辑，就产生了 ROE 稳定性因子。

在第 3 章中我们提到过分布的二阶矩，也就是标准差。标准差衡量的是一个随机变量的波动性，因此在衡量 ROE 稳定性的时候，就可以使用这一指标。我们定义 ROE 稳定性因子如下：

$$\text{ROE稳定性因子}^2 = \frac{1}{n}\sum_{i=1}^{n}\left(\text{ROE}_i - u_{\text{ROE}}\right)^2$$

式中，n 为 ROE 财务数据的期数，ROE_i 表示第 i 期的 ROE 值，u_{ROE} 表示各期 ROE 的均值。

4.5.3 EPS 一致预期变动率因子

分析师会通过市场的变化、对上市公司的调研最终给出一致预期的 EPS（每股收益）。但是随着经济活动的进行，例如上市公司所在行业发生了政策变化、上市公司高管存在某些问题等，分析师会逐渐调整 EPS 的数值。

社会、经济的这些变化对公司未来盈利的影响都会反映在 EPS 一致预期上，而我们可以通过比较当前和之前特定时期 EPS 的变化了解这一公司的基本面是在走上坡路还是下坡路。我们通常会计算 EPS 一致预期 3 个月的变动率，计算公式如下：

EPS 一致预期变动率 = 分析师一致预期 EPS_t/分析师一致预期 $\text{EPS}_{t-3\text{个月}}$ - 1

式中，分析师一致预期 EPS_t 为当下分析师预期的 EPS 值，分析师一致预期 $EPS_{t-3\text{个月}}$ 为 3 个月前分析师一致预期的 EPS 值。若这一变动率为正，则说明当下的 EPS 预期好于之前，公司基本面有所改善或者进一步向好；反之，则说明基本面有所恶化。

4.5.4　舆论因子

舆论因子是衡量市场情绪的一个因子，一般是在网络上获取投资者对某些股票的评论，从而分析投资者的情绪。

目前，国内热度较高的投资者交流社区有雪球网、股吧等。我们也可以从新浪微博等社交媒体处获取相关的股票讨论信息，然后经过文本情感分析算法，获得当下投资者对股票的情感信息，进而将其量化为因子。

4.6　单因子的测试分析

我们将单因子比喻为"食材"，在烹饪的过程中，为了制作一份优质的料理，大厨们会对食材精挑细选，从新鲜度、产地、色泽等多方面来评价食材，从而最终确定是否在料理中使用这一食材。同样地，在多因子体系下，我们从自己的投资理念中提取出单因子，并对其进行量化，紧接着就需要对因子进行完整、全面的"体检"，即"单因子测试"。

在单因子测试这一部分，我们需要使用一个叫作 Alphalens 的工具。Alphalens 是一个用于因子测试的 Python 第三方库，使用方便，功能齐全，经过之前流程处理后的因子值将会被送入这一工具完成单因子测试的流程。

4.6.1　单因子测试的基本逻辑

在本书一开始，笔者就给出了股票多因子模型的实践框架，其中第一个部分就是因子筛选。单因子测试的目的就是从因子池中筛选出合适的因子，如图 4-18 所示。

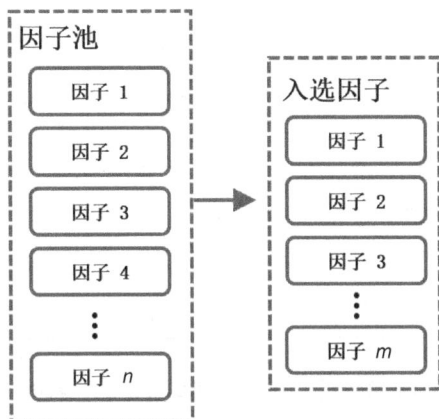

图 4-18　因子筛选示意图

在多因子框架下，挖掘和计算因子的最终目的是希望因子能够准确预测股票的涨跌。顺着这个逻辑，我们先梳理一下因子测试的基本逻辑。

最基本的思路就是把 T 时刻的因子值和 T 到 T+t 区间股票的收益率进行相关性分析。如果存在较高的正相关性，则说明较高的因子值可以获得较高的收益率，也就是因子具有较好的预测能力。

我们简化一下场景以方便后面的叙述。

假设市场上只有 5 只股票，模型的调仓周期为 5 日。在 T 日给出 5 只股票的因子值如表 4-8 所示。

表 4-8　T 日股票因子值

股票	T 日因子值
股票 1	3
股票 2	2
股票 3	0
股票 4	−1
股票 5	−2

在 5 日之后，我们可以计算出这 5 只股票在这 5 日的收益率，假设收益率如表 4-9 所示。

表 4-9　股票 5 日收益率

股票	T 至 T+5 日收益率（%）
股票 1	8.0
股票 2	5.7
股票 3	3.6
股票 4	−3.3
股票 5	−6.5

我们将 T 日的因子值和 T 至 T+5 时间段的收益率放在一起，并计算表 4-10 两列数据之间的相关性。

表 4-10　股票收益率情形一

T 日因子值	T 至 T+5 日收益率（%）
3	8.0
2	5.7
0	3.6
−1	−3.3
−2	−6.5

两列数据的 pearson 相关系数计算结果约为 0.95，两列数据的相关性非常高，可以说因子的预测能力非常强。当然，在实际过程中，不可能有这么强预测能力的因子。

如果 T 到 T+5 日收益率是表 4-11 所示的情况，那么两列数据的相关性几乎为 0。

表 4-11　股票收益率情形二

T 日因子值	T 至 T+5 日收益率（%）
3	0.1
2	−5.7
0	10
−1	−9
−2	0.1

我们用相关性衡量因子对收益率的预测能力，在因子测试中，这种相关性计算的结果，称为信息系数（Information Coefficient，IC），代表的是因子对未来股票收益率的预测作用。

值得注意的是，在实际因子测试的过程中，我们并不使用上述 pearson 相关系数进行计算，而是使用 spearman 相关系数（又叫作秩相关）。为何不使用普通的相关系数而使用秩相关？简单来说，spearman 相关系数比 pearson 相关系数，对异常值具有更好的抗干扰能力。

这里我们对 pearson 和 spearman 两个相关系数的计算方法进行简单展开，以方便读者理解为何秩相关具有抗干扰的特性。

pearson 相关系数作为我们常用的相关系数的计算方法，其计算公式如下：

$$\rho_{X,Y} = \frac{\mathrm{cov}(X,Y)}{\sigma_X \sigma_Y}$$

公式给出了两个随机变量 X 和 Y 之间的相关系数的计算方法。可以看出，X 与 Y 之间的相关系数为 X、Y 的协方差除以 X 和 Y 各自标准差的乘积。pearson 相关系数的取值在 -1 到 1 之间，衡量的是两个随机变量的线性相关性。当 pearson 相关系数为 0 的时候，意味着 X 和 Y 之间没有线性关系；为 1 时则代表 X 和 Y 之间完全线性正相关；为 -1 时则代表完全线性负相关。

我们从定义出发来计算一下前述例子的 pearson 相关系数，依然使用表 4-8 中的数据。

```
In: factor_value = [3,2,0,-1,-2]
    return_value = [0.08,0.057,0.036,-0.033,-0.065]
    relation_df = pd.DataFrame([factor_value, return_value],
index=['factor', 'return']).T
    relation_df.corr()
```

将数据整理成 DataFrame 之后，使用 corr 方法，获取变量之间的相关系数矩阵，如表 4-12 所示。其中，我们可以看到收益率与因子的相关系数约为 0.95。

表 4-12　pearson 相关系数

	Factor	return
factor	1.00	0.95
return	0.95	1.00

我们也可以通过公式来计算收益率和因子值之间的相关系数。首先计算协方差矩阵，如表4-13所示。

```
In:relation_df.cov()
```

表4-13　协方差矩阵

	factor	return
factor	4.30	0.12
return	0.12	0.00

然后计算收益率和因子值各自的标准差。

```
In:relation_df.std()

Out:
factor    2.073644
return    0.061510
dtype: float64
```

最后，按照之前给出的pearson相关系数计算公式进行计算。

```
In:0.121750 / (2.073644 * 0.061510)
Out:0.9545288153317141
```

我们继续介绍spearman相关系数，其计算方法相对而言稍微复杂一些。

我们先将数据转换为相关的排序，例如在上面的例子中（表4-10），将因子值和收益率进行排序，获得两列新的排序数据，如表4-14所示。

表4-14　排序后的数据表

T日因子值	T至T+5日收益率（%）	因子值排序	收益率排序
3	8.0	1	1
2	5.7	2	2
0	3.6	3	3
−1	−3.3	4	4
−2	−6.5	5	5

然后我们通过排序值来计算每一条记录的差异度，并求和。计算公式如下：

$$d = \sum_{i=1}^{N} \left| R(X_i) - R(Y_i) \right|^2$$

由于我们的数据比较特殊，可以看到，每一条记录的因子值和收益率的排序值均一致，所以最后的差异度是 0。

计算出差异度 d 之后，就可以带入相关系数的计算公式计算出最后的 spearman 相关系数了。计算公式为：

$$R_s = 1 - \frac{6d}{N(N^2-1)}$$

式中，d 是差异度，N 是样本量。把 $d=0$ 带入这一公式就可以得到 R_s 为 1。在 Python 中将相关系数计算方法直接设置为 spearman，就可以实现秩相关系数的计算了。计算结果如表 4-15 所示。

```
In:relation_df.corr(method='spearman')
Out:
```

表 4-15　spearman 计算结果

	factor	return
factor	1.00	1.00
return	1.00	1.00

之前利用 Pandas 计算相关系数矩阵的时候，如果不指定计算方法，则将默认计算 pearson 相关系数。如果我们希望使用 spearman 或者其他相关系数计算方法，则可以通过"method"参数进行指定。如上面的代码中，通过指定 method= 'spearman'来计算 spearman 相关系数矩阵。

从这个例子中还不能看出 spearman 和 pearson 相关系数之间的区别。为了让读者更好地认识到这两个相关系数的区别，笔者在上面记录的最后一条加入一行数据，结果如表 4-16 所示。

表 4-16　增加一行数据后的数据表

T 日因子值	T 至 T+5 日收益率（%）	因子值排序	收益率排序
3	8.0	1	2
2	5.7	2	3
0	3.6	3	4
−1	−3.3	4	5
−2	−6.5	5	6
−3	52.0	6	1

　　我们看到示例中的该股票的因子值很小，模型预测该股票将会获得一个不太理想的收益，但实际情况是这只股票在未来5个交易日中，获得了不错的超额正收益。在这种情况下，我们计算一下pearson相关系数，结果如表4-17所示。

```
In: factor_value = [3,2,0,-1,-2, -3, -3]
    return_value = [0.08,0.057,0.036,-0.033,-0.065,0.52]
    relation_df = pd.DataFrame([factor_value, return_value],
index=['factor', 'return']).T
    relation_df.corr()

Out:
```

表4-17　pearson相关系数

	factor	return
factor	1	−0.381874
return	−0.381874	1

　　我们再来计算一下spearman相关系数，结果如表4-18所示。

```
In:relation_df.corr(method='spearman')
```

表4-18　spearman相关系数

	factor	return
factor	1	0.142857
return	0.142857	1

　　可以看到，spearman相关系数的特点是只考虑两个向量中排序是否一致，这样就能很好地避免异常值的影响。在本例中，最后一条记录的收益率异常造成了pearson相关系数和spearman相关系数的计算结果出现了方向性的不同。pearson相关系数约为-0.38，而spearman相关系数约为0.14，得出的结论也截然相反：spearman显示因子正相关，pearson显示因子负相关。

　　在实际过程中，会由于数据处理的问题，或者由于确实存在突如其来的市场波动，使得异常值不可避免。因此采用spearman相关系数作为因子测试中的IC计算方法，是一种比较稳健的方式。

从 spearman 相关系数的计算原理可知，这一方法只考虑排序结果，因此用 spearman 计算出来的 IC 也叫作"RankIC"，或者叫"秩 IC"。在一般情况下，当我们讨论因子 IC 的时候，就是指 RankIC。

在单因子测试中，除了计算 IC，还可以直接使用单个因子的因子值构建简单的股票组合进行回测，这就是"单因子分组测试"。分组很简单，通常在时间截面上根据因子值的大小对股票进行分组。

例如，我们把 2019 年 5 月 27 日这一天市场上的股票先按照被测试因子值从小到大排序，然后将其按照数值大小分成一定的股票组别。我们可以规定每组的股票数量相同，也可以指定特定因子值区间为一组。分组测试就是在每一次调仓的时候将之前的分组组合调整为新的分组组合。

除了因子的预测能力之外，我们还会考察因子的稳定性。如果某一个因子的预测效果很好，但是因子值的变动较大，对股票的打分不断有较大幅度的变化，那么就会造成每次调仓的时候换手率过高。过高的换手率会带来更高的交易成本和流动性风险。因此，我们也会检验分组组合的换手率情况以及因子的自相关性。

4.6.2 Alphalens 简介

Alphalens 是 Quantopian 公司旗下的开源利器之一。Quantopian 是一个开放的量化投资平台，任何人都可以将自己的量化算法放到 Quantopian 的在线平台上运行、测试。

Alphalens 的安装十分简单，与第 2 章中介绍的安装方法一样，我们使用 pip 命令进行安装（如图 4-19 所示）。

打开 Anaconda 下面的 prompt 后输入 pip install Alphalens，然后等待安装完成即可。安装完成后就可以使用这一开源库了。

单因子测试的目的就是查看这个因子是否有效，是否可以被纳入因子库。既然是对因子进行测试，就肯定会用到两类数据：单因子数据与历史行情数据。

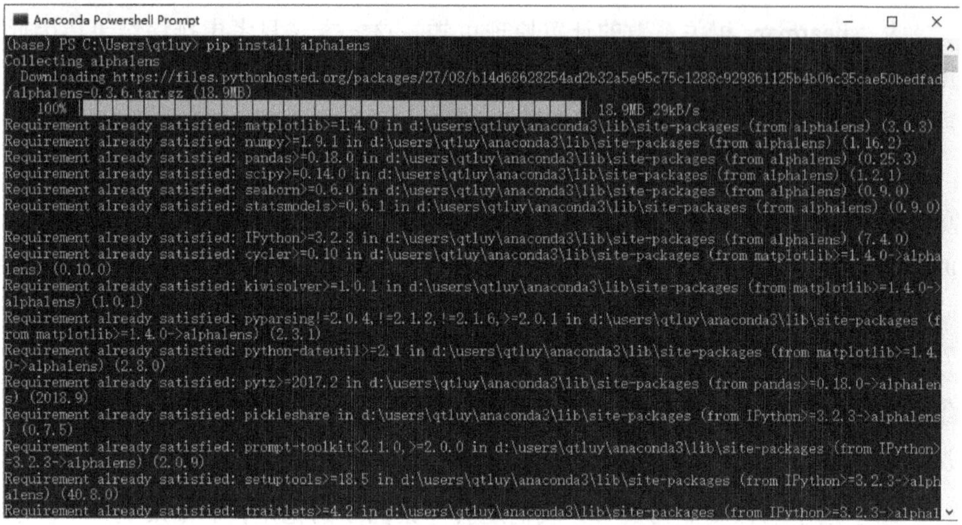

图 4-19　Alphalens 安装界面

在测试因子的时候，这两类数据需要经过一定的处理后才能被 Alphalens 所使用，Alphalens 需要使用者提供具有特定格式的数据源。

以市值因子为例，我们先来查看一下现有的行情数据的格式，如表 4-19 所示。本书中，我们使用的因子值都位于资源下载文件的 factor 文件夹下，历史行情数据保存在 total_tpd.h5 文件中。

在使用 Alphalens 之前，我们需要导入这一模块。

```
In:
import pandas  as pd
import Alphalens
import numpy as np
import matplotlib.pyplot as plt
import pylab as plb
import statsmodels.api as sm
%matplotlib inline
```

原始因子值的读取方式如下。

```
In:
raw_factor = pd.read_hdf('./factor/size.h5')
    raw_factor.data_date = pd.to_datetime(raw_factor.data_date)
```

```
    raw_factor.sort_values(['data_date', 'secucode'],
inplace=True)
    tpd = pd.read_hdf('total_tpd.h5', key='data')
    tpd.sort_values(['secucode', 'data_date'], inplace=True)
    tpd.head()

Out:
```

表 4-19　行情数据部分示例

data_date	secucode	daily_return	mv	free_mv	turnover	ind_code
2013/1/22	000001.SZ	0.039594	1.05E+07	6.36E+06	0.020861	480000
2013/1/23	000001.SZ	-0.020996	1.03E+07	6.23E+06	0.012408	480000
2013/1/24	000001.SZ	-0.029925	9.96E+06	6.04E+06	0.016732	480000
2013/1/25	000001.SZ	-0.015424	9.81E+06	5.95E+06	0.01199	480000
2013/1/28	000001.SZ	0.100261	1.08E+07	6.54E+06	0.022719	480000

此外，在后续的使用过程中，我们还需要用到每一只股票的行业代码。因此在一开始，我们需要将其读取进来。

```
In:ind_code2name = pd.read_csv('ind_name.csv', dtype=
{'code':'str'}).set_index('code').to_dict()['name']
```

Alphalens 提供了一个用于整合数据的强大函数（get_clean_factor_and_forward_returns），我们只需要按照其格式要求依次传入所需数据，就可以获得 Alphalens 可以接受的数据集合。

这个函数的名称与函数所需参数如下：

```
Alphalens.utils.get_clean_factor_and_forward_returns(
    factor,
    prices,
    groupby=None,
    binning_by_group=False,
    quantiles=5,
    bins=None,
    periods=(1, 5, 10),
    filter_zscore=20,
    groupby_labels=None,
```

```
    max_loss=0.35,
    zero_aware=False,
    cumulative_returns=True,
)
```

从这个函数的名称中我们就可以知道，它的作用是清洗数据。下面重点解释一下函数中传入的每个参数的含义。

- factor

这个参数就是因子值，是单因子回测最重要的数据，也是被测试对象，我们之前计算的市值因子数据就应当作为因子值 factor 传入这一函数中。但是 Alphalens 对其所能接受的因子值有格式上的要求。Alphalens 要求因子值的数据结构是一个多维索引的 DataFrame 或者 Series。索引的第 1 个维度是时间，第 2 个维度是股票的代码，而对应的数值就是该日期下指定股票的因子值。显然，我们现有的市值因子数据格式还需要进行简单的数据格式变换才能符合要求。转换代码如下所示，结果如表 4-20 所示。

```
In: factor_flag = -1
    factor_df = factor_df.set_index(['data_date', 'secucode'])
    factor_df = factor_flag * factor_df
    factor_df

Out:
```

表 4-20　factor 参数传入数据格式示例

factor_date	secucode	size_factor_neuted
2013/1/22	000001.SZ	−0.27651
	000002.SZ	−2.520517
	000004.SZ	1.996509
	000005.SZ	0.575675
	000006.SZ	−0.094411
...	...	...
2020/02/12	603993.SH	−2.409327
	603997.SH	−0.287417
	603998.SH	0.800453
	603999.SH	0.732212

我们通过 DataFrame 的 set_index 方法，将日期、股票代码设置为多维索引。代码将"factor_date"变成一级索引，"secucode"变为二级索引。经过这样设置后，DataFrame 数据格式就符合 Alphalens 的格式要求了。

此外，我们还设置了 factor_flag 变量用于对因子数值方向的调整。在介绍市值因子的时候我们解释过市值因子构建的逻辑，即"小市值，有溢价""小市值，易炒作""小市值，高成长"。言下之意，市值越小的股票的市值因子一项得分应当越高。而我们的计算逻辑中并没有体现"反向"这一项，所以在将因子变成 Alphalens 能够接受的因子之前，我们引入了因子方向。

- prices

第 2 个输入的参数是 prices，即行情数据。根据 Alphalens 的要求，股票价格的数据集应该以如表 4-21 所示的方式给出。

表 4-21　price 价格格式示例

	股票代码 1	股票代码 2	股票代码 3	……	股票代码 m
日期 1					
日期 2					
⋮					
日期 n					

我们现有的数据显然不符合上面的格式要求，而且目前的行情数据（表 4-19）中没有价格这一信息。因此我们需要通过 daily_return 这一项来计算每一只股票的价格指数，不仅可以使数据符合 Alphalens 的格式标准，而且使用收益率计算的价格指数可以避免受分红、拆股的影响。合成的价格数据示例如表 4-22 所示。

```
In:
tpd['close'] = tpd.groupby('secucode')['daily_return']
.expanding().apply(lambda x : np.prod(x +1)).values
    price_df = tpd[['data_date', 'secucode', 'close']].pivot
(index='data_date', columns='secucode', values='close')
price_df.head()

Out:
```

表 4-22　合成的价格数据示例

data_date/ secucode	000001.SZ	000002.SZ	000004.SZ	...	603993.SH
2013/1/22	1.039594	1.056604	0.974478	...	0.97271
2013/1/23	1.017766	1.050314	0.99536	...	0.953216
2013/1/24	0.98731	1.073675	0.960557	...	0.889864
2013/1/25	0.972081	1.051213	0.953596	...	0.904483
2013/1/28	1.069543	1.083558	1.048724	...	0.926901

以上我们通过日度收益率计算了每一只股票的价格指数，同时使用 pivot 方法进行数据变换。在前面的章节中也提到过这一方法，pivot 方法可以将一个 DataFrame 中的两列数据展开到透视表中。在本例中，我们利用原来的 DataFrame 中的 data_date 列作为 index，secucode 作为新的透视表的列，close 作为透视表中的数值。

- groupby

groupby 参数用于传入股票的行业信息。传入的数据格式第一种是一个字典，第二种是一个和因子数据匹配的多维 index 的 Series。这两种数据格式存在一定的区别。如果传入的是字典格式，那么在因子回测的整个时间跨度中股票的行业不会改变，而如果传入的是 DataFrame 或者 Series，则可以接受股票在回测区间内行业信息发生变化。

考虑到有些公司会随着主营业务的变化而造成行业归类的改变，所以我们采用的是第二种数据格式。

我们的 tpd 数据集中含有行业代码的数据，可以根据这一信息构建出 Alphalens 需要的 groupby 数据。使用下面的代码就可以通过 tpd 数据集获得行业信息数据（如表 4-23 所示）。

```
In:
group_df = tpd[['data_date', 'secucode', 'ind_code']].sort_values
(['data_date', 'secucode']).set_index(['data_date', 'secucode'])
group_df.head()

Out:
```

表 4-23 行业分组数据示例

data_date	secucode	ind_code
	000001.SZ	480000
	000002.SZ	430000
2013/1/22	000004.SZ	370000
	000005.SZ	430000
	000006.SZ	210000

- Binning_by_group

这一参数用于设置是否按行业分别计算股票的分位数。如果因子值已经进行过行业中性化，那么这一参数通常设置为"False"。

- quantiles

quantiles 这个参数相对而言较容易理解，就是分组测试中分组的数量。其有两种设置方法：一种是直接指定分组的数目；另一种是指定分组的分位数序列。

例如，我们传入的参数是一个整数"5"，那么在随后的测试中，每一个时刻的股票都会被分为 5 组，而且原则上按照每组股票数量相等来划分。指定分组的分位数序列则通过指定划分的分位数来实现分组。

- bins

bins 是分组的另一种设置方法。这一方法分组的落脚点不再是将股票数量均分，而是对因子值进行等分，然后根据等分后的因子值区间对股票进行分组。

例如，当因子值范围为-3～3 时，如果我们将 bins 设置为 3，那么每一时刻的股票都将被分为三组，这三组的因子值分别是-3～-1、-1～1、1～3。分组仅以因了值为标准，而不会考虑数量。哪怕数千只股票中只有一只股票的因子值落在 1～3 区间，这只股票也会被单独分为一组。

同样地，也可以将 bins 设置为一个列表，用于对因子值进行分位数分割后进行分组。

这里有一点需要注意，就是分组的方法只能选择一个，要么使用 quantiles 设置分组，要么使用 bins 设置分组。

- periods

periods 是回测的调仓周期列表。之前我们使用的是 5 天调仓的例子，在 Alphalens 中，我们可以设置想测试的调仓周期，且可以设置多个调仓周期。例如我们想分别测试因子在 1 天、5 天、10 天调仓周期下的表现，那么这一项可以设置为[1,5,10]。

- filter_zscore

filter_zscore 是一个针对收益率的过滤器。我们知道，很难确保行情数据处理不出问题，所以 Alphalens 在数据整合的时候会对计算出来的收益率进行调整。当 Alphalens 根据价格计算出来的一日或多日收益率大于指定倍数的标准差时，就将这一收益率设置为 None，从而避免数据异常对因子回测的结果产生较大影响。

这一设置是出于测试的谨慎性考虑的，如果我们对数据有绝对的信心，那么可以将其设置为"None"，关闭这一功能。

- groupby_labcls

groupby_labels 是一个特别人性化的参数。我们之前传入的行业信息 groupby 是代码形式的数据，而在显示因子回测结果的时候，如果给出的是行业代码，那么对于使用者而言可读性较差，毕竟使用者在看到行业代码时还需要进一步查找才能知道具体的行业名称。

这一参数的传入可以将行业代码显示为行业的中文名。参数的格式要求是"行业代码：行业名称"。

我们可以从资源下载文件中的"ind_name.csv"这一文件中读取行业代码和行业名称，并且转换为 dict 格式，然后作为参数传入。

```
In:ind_code2name = pd.read_csv('ind_name.csv', dtype=
{'code':'str'}).set_index('code').to_dict()['name']
```

- max_loss

max_loss 参数与数据处理有关。我们传入 Alphalens 中的数据不一定是完美的，所以 Alphalens 在处理数据的时候会丢掉一些缺失值、异常值，在计算多日收益率的时候也会损失时间序列刚开始的价格数据，因此最后能够留下的数据量只占原始数据量特定的比例。

这一参数可以设置的值为 0～1 的浮点数，当数据的损失量比例大于这一阈值的时候，Alphalens 就会抛出异常，要求我们对数据进行检查。例如我们设置 max_loss 为 0.2，那么当最后保留下来的数据小于 80%（大于 20% 的数据损失量）的时候，Alphalens 就会停下来。

此外，当把 max_loss 设置为 0 的时候，相当于这一阈值失效，此时无论数据损失量是多少，Alphalens 都不会抛出异常。

- zero_aware

zero_aware 是一个比较有意思的参数，当这一参数设置为 True 的时候，在计算分组时会首先将因子分为正负两组，然后在组内进行分组，最后再合并。

这样做的好处是在任意一组中不会存在因子值符号相反的情况。当因子值的符号有强烈的多空含义时，应当将这一参数设置为 True，而在一般情况下设置为 False 即可。此外，还需要注意的是，只有当 quantiles 或者 bins 传入的参数是整数型的时候，这一参数才会发挥作用。

- cumulative_returns

cumulative_returns 参数通常设置为 True，默认设置也是 True。当设置为 True 的时候，Alphalens 计算的是未来 N 日累计收益率而非未来 N 日当天的收益率。只有当我们希望判断因子对未来某一天的收益率是否有预测能力的时候才会将其设置为 False。

以上内容分别介绍了 Alphalens 数据处理函数的每一个参数的含义。接下来我们可以观察一下，由这一函数清洗、整理后的数据集究竟是怎么样的。

我们使用下面的代码作为示例，Alphalens 最终合成的数据示例如表 4-24 所示。

```
In:
factor_data =
Alphalens.utils.get_clean_factor_and_forward_returns(factor_df,
price_df, group_df['ind_code'],
quantiles=10,groupby_labels=ind_code2name)
factor_data
Out:
```

表 4-24　Alphalens 最终合成的数据示例

date	asset	1D	5D	10D	factor	group	factor_quantile
2013/1/22	000001.SZ	-0.020996	0.043945	0.063477	-0.276510	bank	4
	000002.SZ	-0.005952	0.038265	0.048469	-2.520517	real estate	1
	000004.SZ	0.021429	0.113095	0.1	1.996509	medical biology	10
	000005.SZ	0.1	0.063333	0.053333	0.575675	real estate	8
	000006.SZ	0.051233	0.055028	0.070209	−0.094411	mining	4
...	...	...	...	...	...	...	...
2020/1/21	603991.SH	0.001684	−0.1459	−0.1072	1.3065	chemical	10
	603993.SH	0.030952	−0.0548	0.12143	−2.3178	non ferrous	1
	603997.SH	−0.01687	−0.1422	−0.0783	−0.3258	auto	4
	603998.SH	−0.04118	−0.0765	−0.0929	0.76584	medical biology	8
	603999.SH	−0.00621	−0.1863	−0.1304	0.65153	media	8

　　可以看到，这个数据处理函数返回的是一个涵盖了因子值、股票价格数据、股票分类数据、因子分组数据、未来收益率等综合信息的 DataFrame。需要说明的是，factor_data 最后的日期是 2020 年 1 月 21 日，与我们之前的全历史数据相比少了部分交易日。这是因为 Alphalens 自动帮我们计算好了每一个交易日未来 10 天的收益率（10D）。这就使得最后 10 个交易日的记录将会被Alphalens 舍弃，因为我们无法计算这 10 个交易日未来 10 天的收益率。

4.6.3　因子 IC 分析

　　前面章节详细介绍了 IC（信息系数）的概念以及 IC 的计算方法，在实际的因子测试过程中，Alphalens 已经内置了分析因子 IC 的所有模块，使用者只需要调用 Alphalens 中 IC 的分析函数就可以了。

　　在开始介绍 Alphalens 的信息系数分析函数之前，我们先来讨论一下为什么 IC 这么重要。

　　IC 可以说是单因子测试中最重要的一个部分，其背后的金融含义值得深究。我们在第 3 章的时候讲过一个重要的衡量组合业绩的指标：IR，即信息比率。在主动管理理论中有一个"基本法则"（Fundmental Law），这一"基本法则"从数学上给出了 IR 和 IC 的关系，其公式为：

$$IR = IC \times \sqrt{B \times W}$$

这一公式是建立在一系列假设前提下的，包括没有交易手续费、没有交易成本等。公式中的 B 指的是交易（下注）的次数（bets），W 是指交易的范围（width），两者相乘体现的是交易的广度（breadth）。

根据公式可以知道，一个组合的 IR 取决于 3 项：指导投资的因子的 IC、交易的次数、每一次交易股票的数量。直观上来理解，如果我们的因子 IC 足够高，也就是预测能力足够强，那么少量的交易就可以保证这个高 IC 的因子效果能得以体现，且收益稳定；而如果我们的因子 IC 较低，那么就需要更多次交易或者更多的资产数量才能体现出这个因子的效果。

在 Alphalens 中用于检测一个因子 IC 的函数及其参数如下。

```
Alphalens.tears.create_information_tear_sheet(
    factor_data,
    group_neutral=False,
    by_group=False,
)
```

我们依次来解释一下每一个参数的含义和使用效果。

● factor_data

factor_data 参数所需要的就是 get_clean_factor_and_forward_returns 函数返回的处理的数据集，这也是为什么我们先介绍这一数据整理函数的原因。后续每一个因子测试部分传入的参数都需要这个 factor_data。

● group_neutral

group_neutral 参数用于设置程序在计算 IC 的时候，收益率是否进行行业中性化，也就是股票的收益率是否减去行业的均值。

IC 其实就是因子值和股票收益率在时间截面上的相关性。那么这里的收益率是否应该去掉其特有的行业特性呢？由于我们的因子是经过行业中性化的，所以在这里对于个股的收益率可以不再进行中性化处理。

- by_group

by_group 如果设置为 True，那么 Alphalens 就会为我们额外增加一张每个行业的 IC 分组收益柱状图，便于使用者分析在不同的行业中因子是否有差异性。

接下来，我们将 factor_data 作为参数传入信息系数分析函数中。

```
In:Alphalens.tears.create_information_tear_sheet(factor_data,
group_neutral=False, by_group=False)
```

函数运行的时间依赖于计算机的配置和行情数据的长短。在运行结束后，我们依次来分析一下每一个结果的含义。

结合第 2 章的统计知识，下面的 IC 分析表（表 4-25）比较容易理解了。IC 分析表是 Alphalens 根据 IC 的定义，计算了不同调仓周期下、每一天因子的 IC，从而获得了每一个调仓周期下 IC 的时间序列，然后根据不同的计算方法获得的统计结果。表 4-25 为信息系数分析表，表 4-26 为 IC 分析名词介绍。

表 4-25　信息系数分析表

	1D	5D	10D
IC Mean	0.02	0.033	0.043
IC Std.	0.118	0.138	0.15
Risk-Adjusted IC	0.17	0.242	0.287
t-stat(IC)	7.013	9.97	11.829
p-value(IC)	0	0	0
IC Skew	−0.533	−0.573	−0.54
IC Kurtosis	0.576	0.23	−0.099

表 4-26　IC 分析名词介绍

表格中名称	含义
IC Mean	IC 均值
IC Std.	IC 标准差
Risk-Adjusted IC	波动率调整后的 IC
t-stat(IC)	IC 的 t 统计
p-value(IC)	IC 的 p-value
IC Skew	IC 的偏度
IC Kurtosis	IC 的峰度

对于 IC 而言，投资者最希望的就是一个因子具有稳定的 IC 序列，均值高，方差小，t 统计量大，p-value 小。至于偏度和峰度主要考察 IC 分布和正态分布的偏离程度，从而分析小概率事件的影响。对于 IC，我们希望其右偏且不存在肥尾的情况。

当然，在实际情况中因子不可能这么完美，所以往往需要在这些指标之间进行平衡抉择。

Alphalens 给出如表 4-25 所示的 IC 统计量，同时也给出了 IC 的时间序列图。Alphalens 会绘制出每个调仓周期下 IC 的时间序列，同时绘制一个月的移动平均线，如图 4-20 所示。

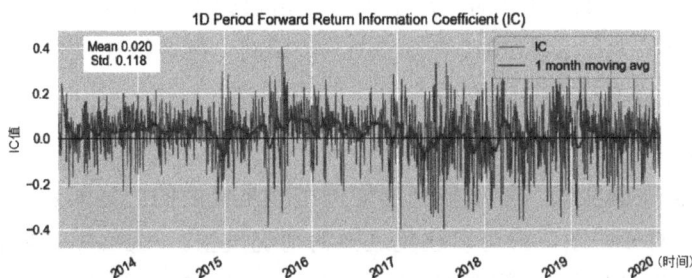

图 4-20　1 天调仓 IC 时间序列

图片往往是最直观的表达。对于一个理想的因子 IC，尽管允许其围绕 0 轴上下波动，但是它大部分时间应当处于正区间，这样才能确保因子的收益为正。

从图 4-20、图 4-21 和图 4-22 中可以直观地看出，无论是 1 天调仓、5 天调仓还是 10 天调仓，市值因子都是一个不错的因子，在历史上大部分时间处于正区间。当然，细心的读者也会发现市值因子的 IC 有两个异常的时间段：一个是在 2014 年年底，另一个是 2017 年之后。市值因子的 IC 在这两个时间段的变化在这里先不讨论，留到后面再讨论其背后的含义和当时的市场情景。

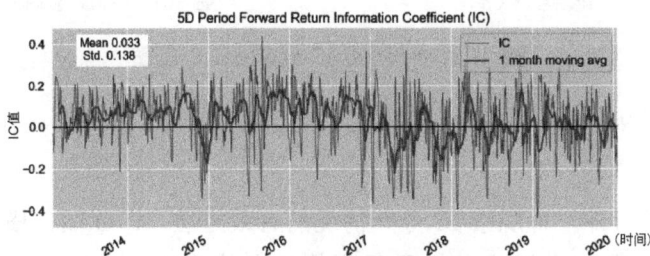

图 4-21　5 天调仓 IC 时间序列

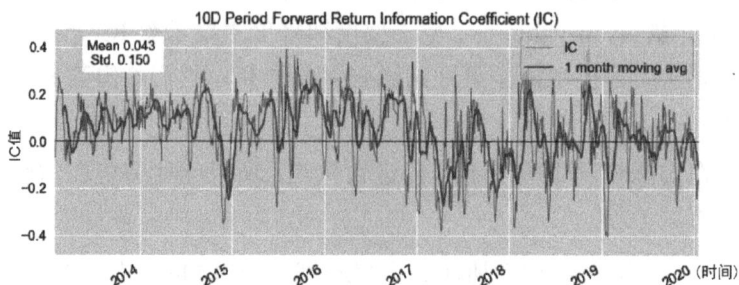

图 4-22　10 天调仓时间序列

单纯从 IC 的时间序列的图形上来看，市值因子可以说是一个很不错的因子，这就解释了为什么在 2012 年到 2016 年期间，很多擅长投资小市值公司的投资者一直有着不错的超额收益。

Alphalens 对因子 IC 的考察还有另外一个方面，就是 IC 的分布。均值和方差很可能会欺骗我们，例如较高的均值可能是极度的肥尾或者右偏造成的。通过观察 IC 的分布图，就可以避免这样的情况发生。Alphalens 会根据调仓周期给出 IC 的分布图和 IC 的 Q-Q 图。图 4-23、图 4-24、图 4-25 分别是 1 天调仓、5 天调仓、10 天调仓的 IC 分布图和 Q-Q 图。

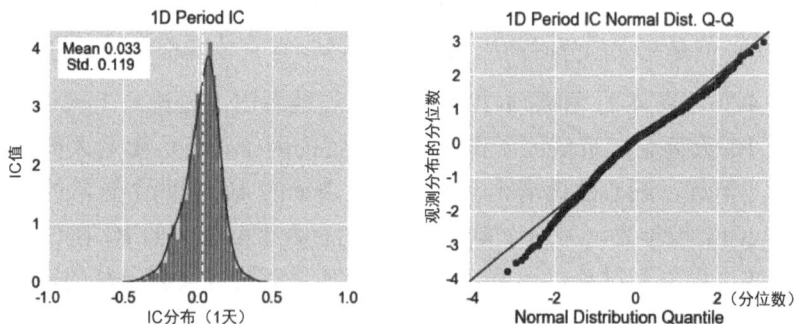

图 4-23　1 天调仓 IC 分布图和 Q-Q 图

我们可以从分布图中直观感受到，市值因子的 IC 分布存在左偏的情况，但并不是特别严重。

Q-Q 图是另外一种观察 IC 分布情况的有效方法。Q-Q 图的横轴是标准正态分布的分位数，纵轴是我们要观测的分布的分位数。

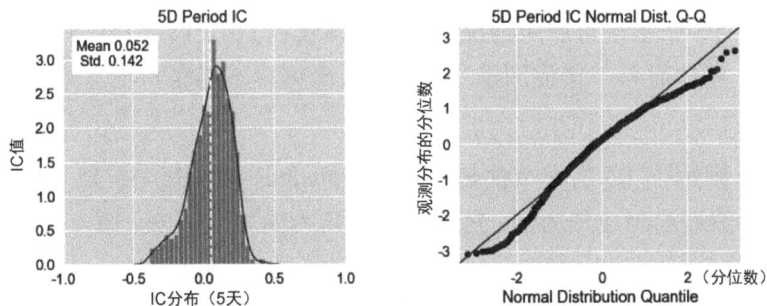

图 4-24　5 天调仓 IC 分布图和 Q-Q 图

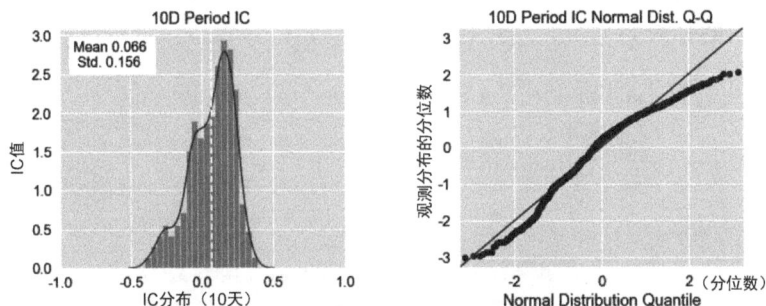

图 4-25　10 天调仓 IC 分布图和 Q-Q 图

以 1 天调仓的 Q-Q 图为例（图 4-23 右图），观察一下图的左下角，可以发现正态分布均值减去 3 倍标准差的位置与我们观测的分布的均值减去 3.5 倍标准差的位置大约保持一致。在前面介绍正态分布的时候，我们提到过 3 倍标准差以内正态分布已经涵盖了 99.74%的样本。由于正态分布是一个对称分布，也就是从均值到-3 倍标准差之间含有 49.87%的数据，因此可以得出-3 倍标准差之外的数据占比为 0.13%。

但是对于我们观测的分布，在-3 倍标准差之外的数据占比一定是大于 0.13%的，因为-3.5 倍左右的标准差倍数大约与标准正态分布的-3 倍分位数一致，所以，我们观测的分布在-3 倍标准差之外的数据量是较多的。也就是说，我们观测的分布存在肥尾现象。同样的分析方法也适用于分布的右侧。

总结一下，对于某一局部，如果 Q-Q 图中的散点图斜率大于 1，那么观察的分布相对于正态分布而言离散性更大，更加具有肥尾特征；反之，如果散点图的斜率小于 1，那么分布离散性更小，相对正态分布而言具有瘦尾特征。

一个完美的因子 IC 分布，应当趋近于正态分布。根据 Q-Q 图，1 天调仓的市值因子 IC 在左端有肥尾情况，而 5 天调仓和 10 天调仓则在右端有一定的肥尾情况。整体而言，市值因子 IC 的分布尚可，不存在与正态分布特别大的偏差。

下面介绍因子 IC 的季节性热力图。Alphalens 会在每个自然月进行 IC 均值的求取，然后绘制成热力图。市值因子的热力图如图 4-26、图 4-27 和图 4-28 所示。

季节性热力图可以让我们观测因子的季节性和历年的有效性。例如，从热力图中我们发现，市值因子在每年的春节前后往往表现不佳，这可能与年底市场流动性不足有关。

	1月	2月	3月	4月	5月	6月	7月	8月	9月	10月	11月	12月
2013年	-0.010	0.067	0.013	-0.005	0.005	0.006	0.035	0.035	0.025	0.026	0.043	0.050
2014年	0.035	0.068	0.043	0.027	0.033	0.042	0.013	0.006	0.071	0.029	0.004	-0.050
2015年	0.007	0.021	0.030	0.023	0.052	0.019	-0.003	0.052	0.100	0.077	0.053	0.056
2016年	0.012	0.049	0.063	0.007	0.016	0.045	0.016	0.050	0.004	0.043	0.005	0.005
2017年	-0.017	0.033	-0.027	-0.052	-0.050	0.025	-0.050	0.036	0.009	-0.030	-0.032	-0.015
2018年	-0.045	0.014	0.074	-0.023	0.016	-0.021	0.016	-0.023	-0.010	0.032	0.052	0.005
2019年	-0.045	0.070	0.035	0.006	0.036	-0.006	0.036	0.000	0.021	0.002	-0.025	0.022
2020年	-0.031											

图 4-26　1 天调仓 IC 热力图

	1月	2月	3月	4月	5月	6月	7月	8月	9月	10月	11月	12月
2013年	-0.055	0.140	-0.011	0.004	0.056	0.022	0.051	0.066	0.045	0.053	0.056	0.120
2014年	0.065	0.140	0.057	0.061	0.054	0.054	0.015	0.120	0.160	0.160	-0.041	-0.150
2015年	0.130	0.050	0.039	0.050	0.120	0.022	0.064	0.047	0.160	0.160	0.170	0.110
2016年	0.049	0.053	0.140	0.120	0.016	0.076	-0.004	0.100	0.140	0.140	0.000	0.095
2017年	-0.031	0.027	-0.054	-0.120	-0.130	0.020	-0.075	0.091	0.026	0.026	-0.100	-0.029
2018年	-0.130	0.054	0.140	-0.043	0.000	-0.025	-0.003	-0.009	-0.051	-0.051	0.100	0.024
2019年	-0.120	0.130	0.050	0.016	0.035	0.003	-0.034	-0.005	0.050	0.050	-0.021	0.011
2020年	-0.110											

图 4-27　5 天调仓 IC 热力图

	1月	2月	3月	4月	5月	6月	7月	8月	9月	10月	11月	12月
2013年	-0.008	0.200	-0.039	0.047	0.100	0.012	0.130	0.079	0.074	0.091	0.053	0.150
2014年	0.120	0.150	0.066	0.094	0.120	0.130	0.015	0.190	0.200	0.022	-0.100	-0.150
2015年	0.170	0.100	0.043	0.065	0.170	-0.005	0.130	0.044	0.240	0.210	0.240	0.120
2016年	0.053	0.032	0.210	0.093	0.047	0.092	-0.019	0.160	0.150	0.170	-0.042	0.120
2017年	-0.049	0.027	-0.150	-0.160	-0.160	0.000	-0.093	0.130	0.000	-0.190	-0.160	-0.050
2018年	-0.150	0.160	0.190	-0.040	-0.035	-0.045	0.016	0.006	-0.073	0.160	0.094	0.073
2019年	-0.150	0.140	0.067	0.015	0.025	-0.001	-0.054	0.026	0.044	-0.051	-0.017	0.006
2020年	-0.160											

图 4-28　10 天调仓 IC 热力图

以上是 Alphalens 提供给我们关于信息系数的所有分析结果。

4.6.4　收益率分析

收益率是所有投资中最重要的问题，如果单因子不能给我们带来收益，那么再符合逻辑的因子都不具有实际可用的价值。

下面进行因子的收益率分析。

```
Alphalens.tears.create_returns_tear_sheet(
    factor_data,
    long_short=True,
    group_neutral=False,
    by_group=False,
)
```

下面介绍上面函数中每一个参数的含义。

● factor_data

factor_data 参数就是上述 get_clean_factor_and_forward_returns 函数返回的整合后的数据集。

● long_short

long_short 参数用于设置 Alphalens 计算收益率的方法。若设置为 True，则

Alphalens 将会采用多空组合收益率计算方法进行计算。所谓多空组合的收益率，就是在计算分组的收益率时扣除每组的平均收益率。若设置为 False，则不扣除每组的平均收益率，直接使用原始收益率。

- group_neutral

group_neutral 参数用于设置是否对收益率进行行业中性化，也就是在计算收益率的时候是否减去行业均值。在信息系数分析的函数中，也有这一参数。由于我们的因子已经进行过行业中性化，所以将其设置为 False。

- by_group

by_group 参数用于设置是否在进行收益率测试的时候给出分行业测试的结果。

我们用市值因子进行测试，并将其作为案例进行讲解。

```
In:Alphalens.tears.create_returns_tear_sheet(factor_data,
long_short=False, group_neutral=False,by_group=False)
```

我们把 factor_data 传入这一因子收益率分析函数后，可以得到一系列的图表结果。收益率分析表如表 4-27 所示。

表 4-27　收益率分析表

	1D	5D	10D
Ann. Alpha	0.085	0.098	0.096
Beta	0.094	0.124	0.133
Mean Period Wise Return Top Quantile (bps)	15.158	17.138	17.507
Mean Period Wise Return Bottom Quantile (bps)	3.197	2.837	2.927
Mean Period Wise Spread (bps)	11.961	13.506	13.568

表 4-27 分别给出了不同的调仓周期下因子在收益率测试上的表现。第一行的 1D、5D、10D 分别代表例子中的 1 天、5 天、10 天的调仓周期。其下面的内容为不同调仓周期下因子获得的 Alpha、Beta（Alphalens 中的 Beta 是全市场的平均收益率）。同时，表格中给出了因子分组后 Top 组（即因子值最高的一组）股票的平均收益率（Mean Period Wise Return Top Quantile）与 Bottom 组的收益率（Mean Period Wise Return Bottom Quantile），并给出了两组的差值（Mean Period Wise Spread）。有一点需要读者注意，这 3 个收益率的单位都是 bps（基点），也就是万分之一。

一个好的因子应该有较高的 Alpha 收益与较低的 Beta 属性。同时 Top 组和 Bottom 组之间的差值应该尽可能大。如果这些特性在多个调仓周期中都能吻合的话，就更加说明这是一个好因子了。

除了收益率分析表，Alphalens 还提供了许多图形的结果，最直观的就是分组收益率柱状图（如图 4-29 所示）。从分组收益率柱状图中可以很直观地看到，在不同的调仓周期中，因子的分组收益率是否都遵循单调向上的原则。一个好的因子，应该是因子值越高，其分组收益率越高。图 4-29 中的市值因子分组收益率柱状图就是一个不错的例子。

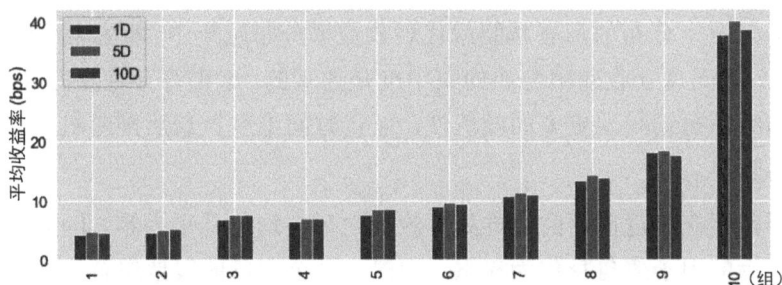

图 4-29　市值因子分组收益率柱状图

当然，更多的时候因子收益率柱状图可能并没有这么完美，若不完美则需要考虑因子的构造逻辑是不是存在一些疏漏之处。

比如，有的因子可能是"中庸之道"，因子值并不是越高越好，过低和过高都是不正常的现象；而有的因子则是"过犹不及"，数值太高了，反而不好。

在本书第 2 章介绍基本概率知识的时候，我们提到过，很多时候平均值会欺骗我们，而分组收益率柱状图正是按照分组平均收益率来绘制的。Alphalens 也考虑到了这一点，所以给我们提供了一种特殊的图形，叫作小提琴图（图 4-30）。

收益率小提琴图其实就是收益率均值柱状图的高级版，其中给出的不再是分组的收益率均值点，而是收益率的完整分布。

例如图 4-30 中我们可以看到，最小的极端值约为-400bps，最大值约为200bps，但是极端值的数量极少，大部分收益率集中于-100bps～100bps。

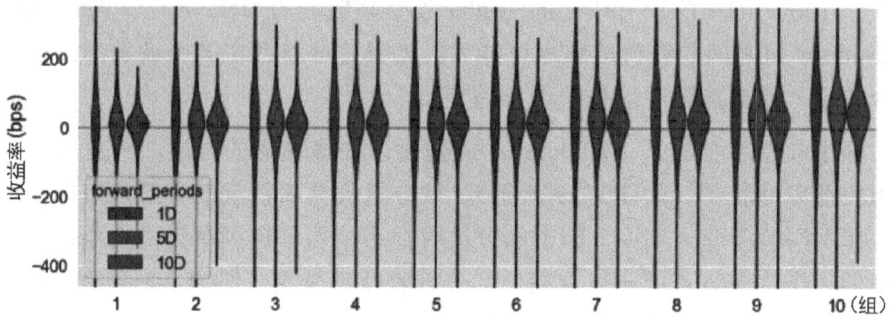

图 4-30　收益率小提琴图

图 4-30 中，分布的形态越肥就代表收益率分布越集中。很显然，1 天调仓、5 天调仓、10 天调仓收益率分布的集中度是递减的。这也符合直观的金融逻辑：股票收益率在短期呈现更多的随机性，而将时间维度拉长后则随机性降低，变得相对可预测。

因子数据在经过前面的标准处理流程之后，均值几乎为零。因此，我们可以用处理后的因子值自身作为权重，构建一个全市场的股票组合进行回测。这种组合构建的方法称为"因子加权组合"。假设某一天市场上只有 5 只股票，且因子值如表 4-28 所示，那么，这一天我们应该构建一个怎样的组合才能叫作因子加权组合呢？

表 4-28　股票因子值示例

股票	因子值
股票 1	2
股票 2	1.3
股票 3	−0.4
股票 4	−1
股票 5	−2

很简单，就是按照因子值进行权重分配。权重的计算也很简单，先将所有的因子值取绝对值，然后求和，将这一总和作为分母。再以每个因子值作为分子，计算的结果就是这一股票在组合中的权重。

例如，上述股票 1 的组合权重为 2/(2 + 1.3 + 0.4 + 1 + 2) ≈ 0.299；股票 4

的权重约为-0.149。分别计算之后，我们就可以获得因子加权组合中每一只股票的权重。

图 4-31 就是市值因子根据这个规则计算的因子加权组合的收益率曲线（5天调仓）。

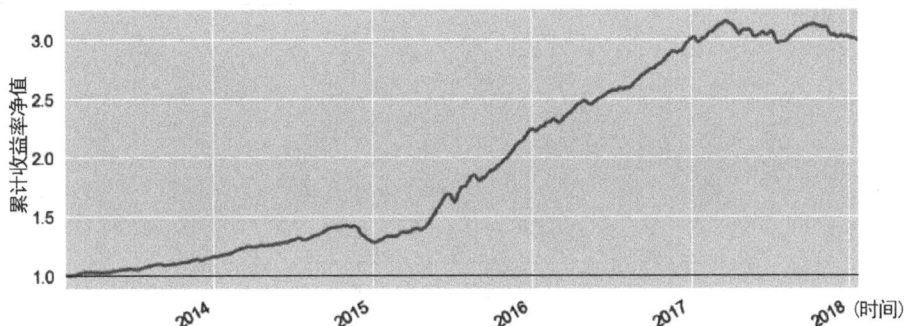

图 4-31　5 天调仓的因子加权组合累计收益率曲线

整体而言，曲线的收益率还是很不错的，但值得注意的是，其在 2014 年年底遭遇了较大的回撤；在 2017 年之后，整个组合的净值曲线不再向上，而是一直在震荡下行，组合的表现比较糟糕，而这两个时间点与之前进行 IC 分析的时候一致。

除了上面的这种因子加权构建的方法，还有一种更简单的计算方法，就是分组后的每一组股票都成为一个独立的组合，以每天组合内个股收益率的均值作为该组合的收益率。这样，当其分为 10 组的时候，就会有 10 条收益率曲线，如图 4-32 所示。

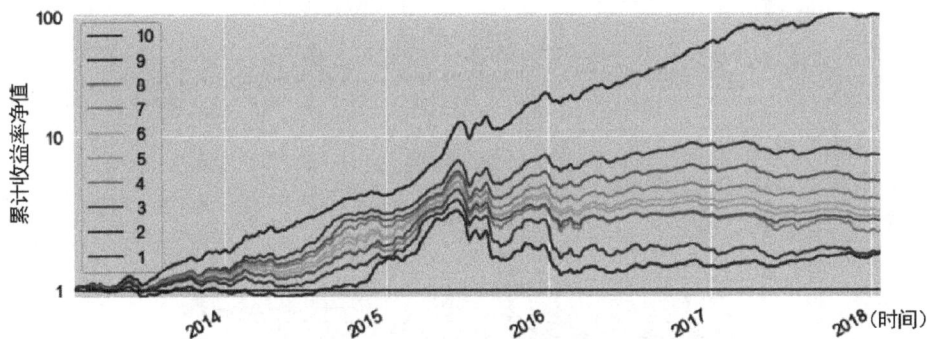

图 4-32　分组别的累计收益率曲线

一个好的因子通常在这里会体现出较强的筛选性，也就是分组的收益率曲线会分化，各自的差异不断体现出来。图形越发散，说明因子的效果越好，因子对股票的区分度越高。

图 4-33 和图 4-34 分别是 1 天和 10 天调仓的因子加权收益率曲线与分组收益率曲线。

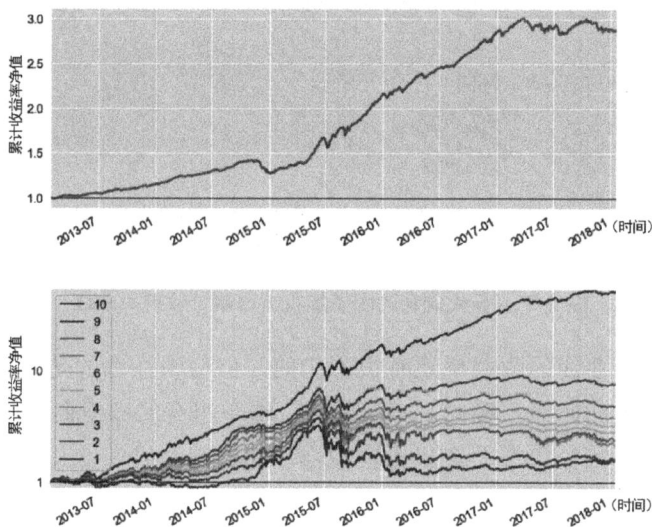

图 4-33　1 天调仓的因子加权收益率曲线与分组收益率曲线

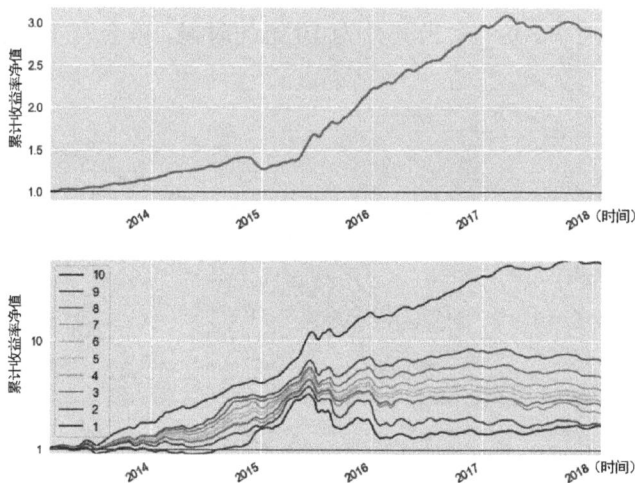

图 4-34　10 天调仓的因子加权收益率曲线与分组收益率曲线

利用分组中的 Top 组平均收益率与 Bottom 组平均收益率的差值可得到一个时间序列的图,同时对这一收益率差值进行一个月的移动平均,如图 4-35 所示。

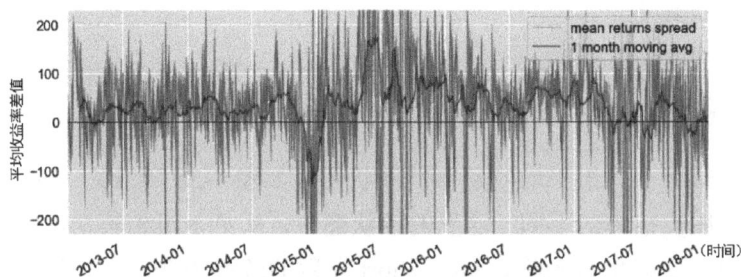

图 4-35　1 天调仓的 Top 组与 Bottom 组收益率差值

收益率差值是一个很重要的指标。对于理想的因子,这个差值越大越好,这说明因子对于收益率不同的股票的区分度越高;此外,还需要收益率差值曲线保持方向上的稳定。观察图 4-35 可以发现,市值因子的这一收益率差值图表现不理想的时间点与 IC 时间序列、因子加权组合收益率表现变差的时间点是一致的。

5 天调仓和 10 天调仓的结果分别如图 4-36 和图 4-37 所示。

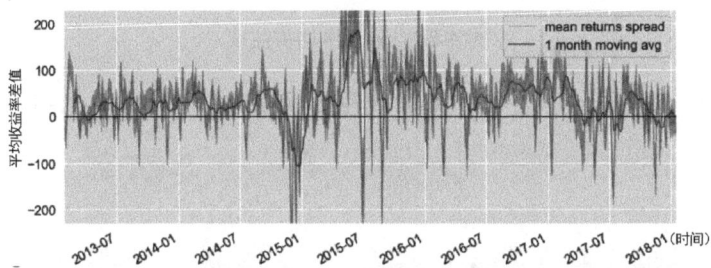

图 4-36　5 天调仓的 Top 组与 Bottom 组收益率差值

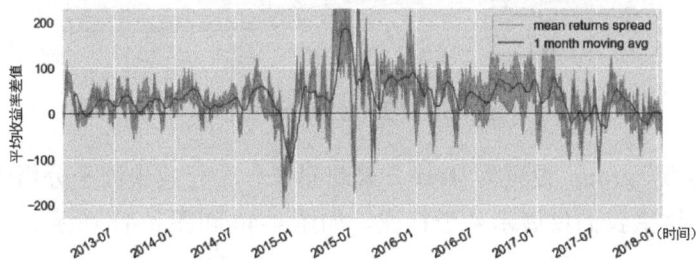

图 4-37　10 天调仓的 Top 组与 Bottom 组收益率差值

在前面介绍 Alphalens 函数的时候，简单介绍了 long_short 参数的作用。接下来我们尝试把 long_short 设置为 True，观察因子测试的结果有什么不同，从而直观地体验其差异。

```
Alphalens.tears.create_returns_tear_sheet(factor_data, long_short=
True, group_neutral=False,by_group=False)
```

先来观察一下分组平均收益率的柱状图（如图 4-38 所示）。很显然，这与之前的柱状图有很大的不同。这里的柱状图中，从第 1 组到第 7 组的平均收益率都是负的。这和我们之前对 long_short 参数的解释吻合，因为这里的收益率都是扣除全体股票平均收益率之后的超额收益率。

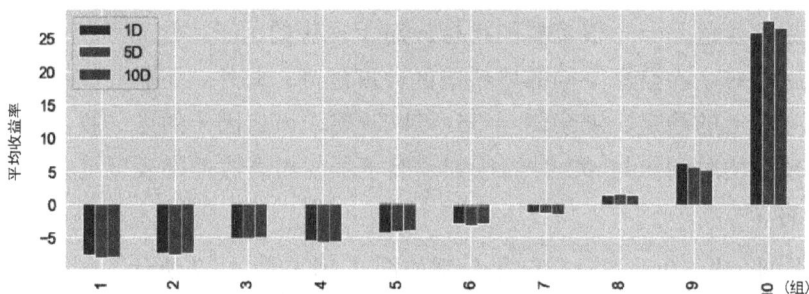

图 4-38　分组平均收益率

同样地，因子分组累计收益率曲线也体现出这样的特征（如图 4-39 所示）。

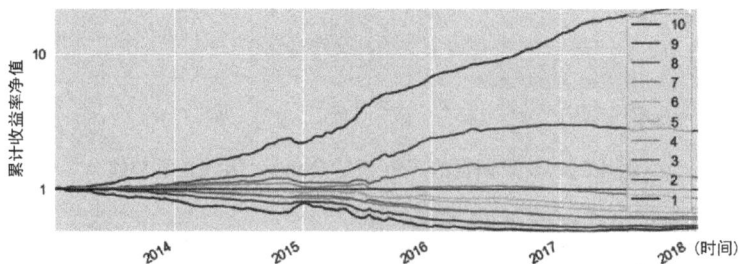

图 4-39　因子分组累计收益率

我们将 by_group 设置为 True，来观察每一个行业中因子分组收益率的单调性如何。这里我们仅展示 4 个行业，如图 4-40 和图 4-41 所示。

```
Alphalens.tears.create_returns_tear_sheet(factor_data, long_
short=False, group_neutral=False,by_group=True)
```

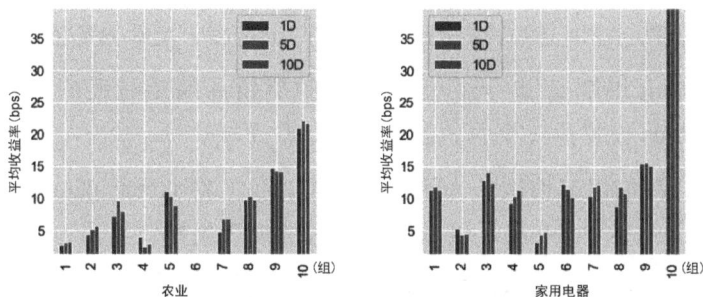

图 4-40 农业与家用电器行业的分组收益率柱状图

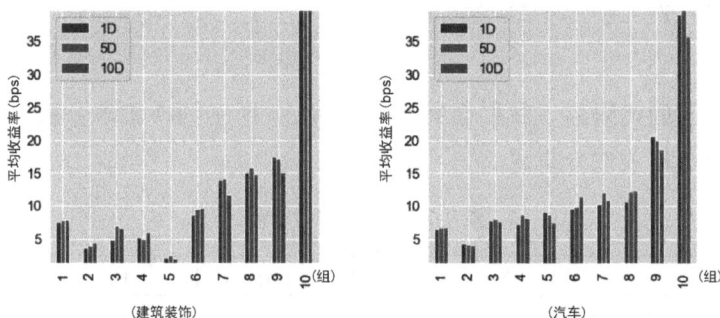

图 4-41 建筑装饰与汽车行业的分组收益率柱状图

4.6.5 换手率

下面进行因子的换手率分析。

```
Alphalens.tears.create_turnover_tear_sheet(
    factor_data,
    turnover_periods=None,
)
```

- factor_data

与前面的函数中一样,factor_data 参数就是 get_clean_factor_and_forward_returns 函数返回的整合后的数据集。

- turnover_periods

turnover_periods 参数用于设置计算换手率的周期,在默认情况下就是之前设定的调仓周期。但是在有些情况下,我们可能需要另外新增或者调整这一计算换手率的周期，特别是当设置的调仓周期并不是因子更新周期的倍数的时候。

例如，调仓周期是 5 天，但是因子的更新周期是月度的，那么此时把 turnover_periods 设置为 1 个月、2 个月才有意义。

同样地，我们以市值因子为例进行展示。我们将 factor_data 传入，同时设置 turnover_periods 为 None，表示使用默认的调仓周期。

```
Alphalens.tears.create_turnover_tear_sheet(
    factor_data,
    turnover_periods=None,
)
```

运行上面的代码后，我们会得到如表 4-29 所示的换手率分析表和表 4-30 所示的因子自相关性分析表。

表 4-29　换手率分析表

	10D	1D	5D
Quantile 1 Mean Turnover	0.046	0.013	0.031
Quantile 2 Mean Turnover	0.12	0.036	0.084
Quantile 3 Mean Turnover	0.182	0.055	0.129
Quantile 4 Mean Turnover	0.223	0.069	0.16
Quantile 5 Mean Turnover	0.26	0.081	0.187
Quantile 6 Mean Turnover	0.284	0.091	0.206
Quantile 7 Mean Turnover	0.292	0.094	0.213
Quantile 8 Mean Turnover	0.277	0.088	0.201
Quantile 9 Mean Turnover	0.221	0.069	0.159
Quantile 10 Mean Turnover	0.098	0.029	0.068

表 4-30　因子自相关性分析表

	1D	5D	10D
Mean Factor Rank Autocorrelation	0.999	0.996	0.993

表 4-29 中的数值代表某一分组在某一个调仓情形下平均的股票变化情况。例如 10 天调仓（10D）的 Quantile 1 Mean Turnover 数值为 0.046，代表第 1 组调仓的时候，平均每次有 4.6%的股票会被换掉，可以简单认为换手率为 4.6%。由于实际交易中存在手续费，所以理想的因子值应当比较稳定，从而确保有一

个较低的换手率。

表 4-30 中则是不同调仓周期下因子自相关性的数值。顾名思义，自相关性就是自己与自己的相关性。我们在因子的 IC 分析中介绍了相关性的计算，计算的内容是因子值和未来的股票收益率。自相关即指原始数据与其滞后特定阶数后的数据之间的相关性。

例如，某一股票的收益率时间序列如表 4-31 所示。

表 4-31　股票收益率时间序列

时刻	收益率
T1	0.02
T2	0.013
T3	−0.04
T4	−0.01
T5	−0.02

这一收益率序列的一阶滞后相关系数的计算代码如下。

```
In:
time_ser = pd.DataFrame([[1,2,3,4,5],[0.02,0.013,-0.04,-0.01,
0.02]],index=['time', 'return']).T
time_ser['return_lag_1'] = time_ser['return'].shift(1)
```

通过计算收益率与一阶滞后收益率之间的相关性，就可以得到收益率的自相关性。

```
In:time_ser['return'].corr(time_ser['return_lag_1'])
Out:-0.06020257198133604
```

我们看到，这一时间序列的一阶滞后自相关性约为−0.06，也就是说几乎没有什么自相关性。同样地，当我们考虑因子造成的换手率的时候，其实就是在考察因子的稳定性，也就是因子值每一期的变化。因子的自相关性越高，其值越接近 1，说明这一因子是比较稳定的因子，造成的换手率必然不会很高；反过来，如果因子的自相关性极低，甚至是负相关性，则说明因子的波动较大，造成的股票换手率必然不低。

从表 4-30 中看出，市值因子的自相关性极高，这与我们的直观认知吻合：

公司的市值通常在短时间内不会有较大的变动。

使用 Alphalens 函数将表 4-31 中的数据展开，就形成了两类折线图，以 1 天调仓为例，图 4-42 为换手率的时间序列折线图，图 4-43 为因子自相关性的时间序列折线图。

从换手率折线图中可以看到，在市场大幅度波动的时候，因子分组的换手率有明显提升。

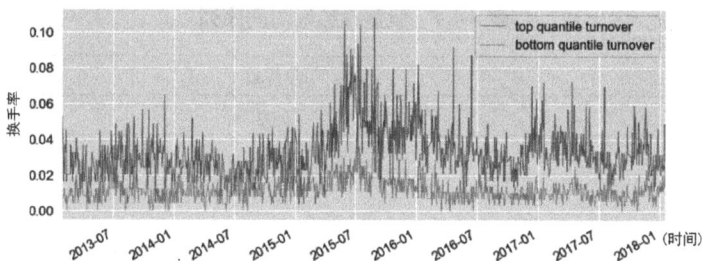

图 4-42　1 天调仓换手率时间序列折线图

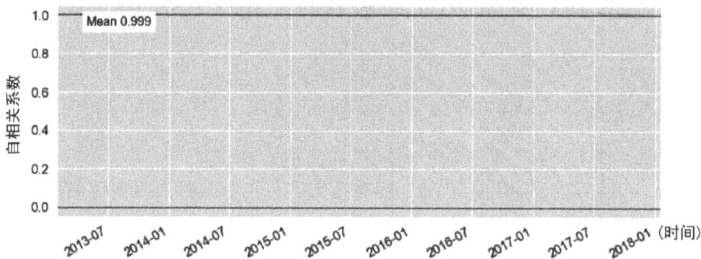

图 4-43　1 天调仓因子自相关性时间序列折线图

5 天调仓和 10 天调仓的换手率时间序列折线图与因子自相关性时间序列折线图如图 4-44～图 4-47 所示。

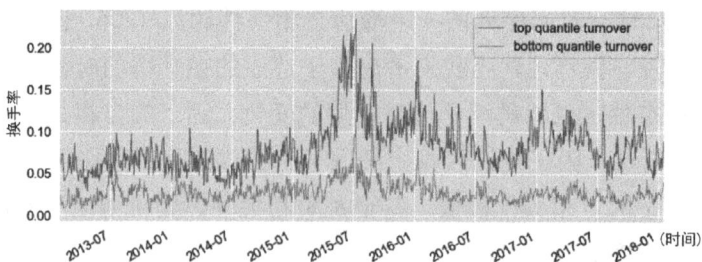

图 4-44　5 天调仓换手率时间序列折线图

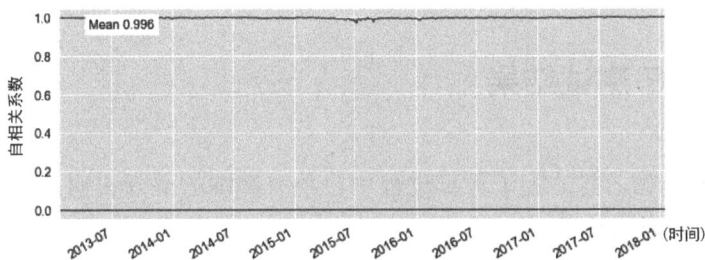

图 4-45　5 天调仓因子自相关性时间序列折线图

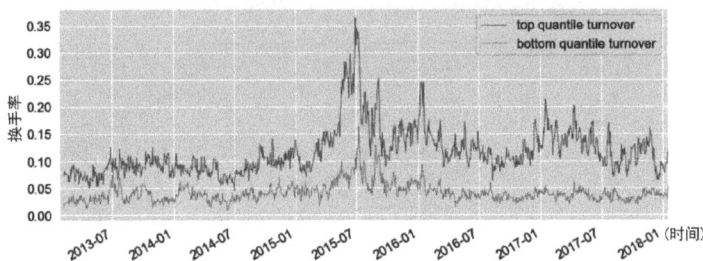

图 4-46　10 天调仓换手率时间序列折线图

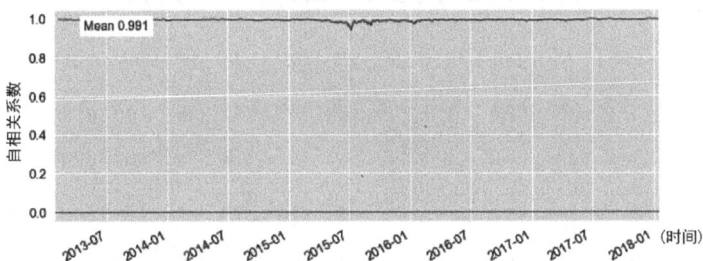

图 4-47　10 天调仓因子自相关性时间序列折线图

4.7　常见因子的测试结果

之前我们以市值因子为例，利用 Alphalens 进行了单因子测试流程的讲解和测试结果的分析。许多因子的测试过程大同小异，但结果的解读是非常重要的。本节我们列出一些常见的因子测试的结果，这些结果也将会在后续的章节中进行回顾和分析。

限于本书的篇幅限制，我们只对 5 天调仓情形下的一些结果图进行展示和介绍。

4.7.1　ROE 测试结果

ROE 因子在之前的因子计算过程中已经有详细的展开说明，这里我们来看一下该因子的测试结果。

ROE 因子的 IC 时间序列如图 4-48 所示，IC 季节性热力图如图 4-49 所示。相较而言，在 2017 年之后 IC 的中枢有一个明显的抬升。

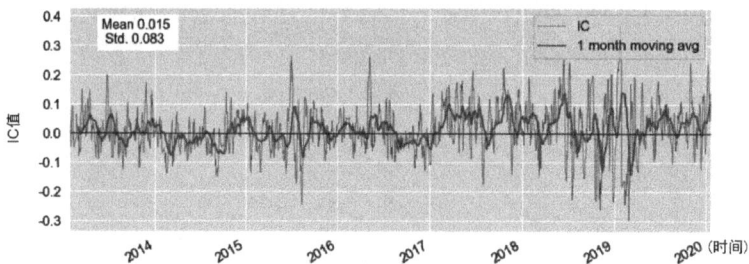

图 4-48　5 天调仓 ROE 因子的 IC 时间序列

	1月	2月	3月	4月	5月	6月	7月	8月	9月	10月	11月	12月
2013年	0.035	0.006	0.029	0.063	-0.029	0.076	-0.001	-0.043	0.007	0.004	0.034	0.020
2014年	0.003	-0.056	-0.015	-0.021	-0.037	-0.014	0.001	-0.035	-0.072	0.015	0.025	0.048
2015年	0.001	-0.019	0.012	-0.030	-0.015	0.030	0.012	-0.034	0.034	0.022	-0.017	-0.005
2016年	0.035	0.018	0.001	-0.006	0.056	0.040	0.027	-0.033	-0.033	-0.020	-0.014	-0.051
2017年	0.017	0.054	0.068	0.061	0.070	0.070	0.024	0.001	0.035	0.140	0.015	0.060
2018年	0.058	0.012	-0.019	0.034	0.091	0.054	0.011	-0.010	0.011	-0.015	-0.044	0.030
2019年	0.140	-0.150	0.014	-0.001	0.037	0.041	0.062	0.004	0.039	0.035	0.031	0.035
2020年	0.140											

图 4-49　5 天调仓的 IC 季节性热力图

ROE 因子的分组平均收益率单调性还是相当好的，如图 4-50 所示。这说明长期拿着高 ROE 的股票具有一定的超额收益，可以跑赢市场。真正的价值投资者也是这样的观点：ROE 才是一个公司价值真正的体现，长期持有高 ROE 公司的股票可以获得长期确定性的收益。

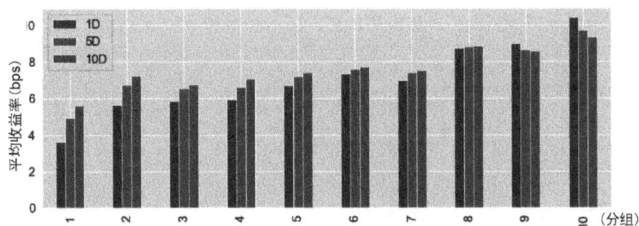

图 4-50　ROE 的分组平均收益率柱状图

从 ROE 因子加权组合累计收益率曲线来看（如图 4-51 所示），ROE 因子在 2013 年至 2015 年的表现其实并不好，在 2015 年之后才开始好转，在 2017 年之后爆发。这与前面 ROE 的 IC 时间序列基本吻合。

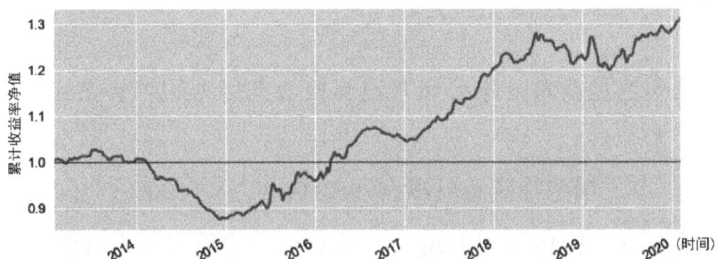

图 4-51　5 天调仓的 ROE 因子加权组合累计收益率曲线

从 ROE 因子分组组合的累计收益率曲线来看（如图 4-52 所示），在 2017 年之前 ROE 因子几乎没有体现出什么区分度。在 2017 年的时候，10 个组别的收益率曲线没有明显的发散，但在 2017 年之后开始呈现明显的发散态势。

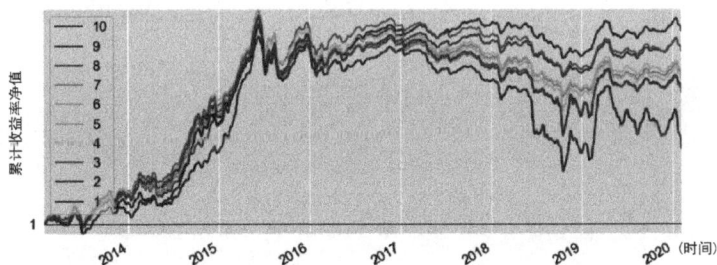

图 4-52　5 天调仓的 ROE 分组组合累计收益率曲线

从 ROE 因子换手率图（如图 4-53 所示）来看，ROE 作为财务因子，有一个很明显的特征：当新的财报公布的时候，会有明显的换手发生，这也是绝大部分财务类因子的一大特征。

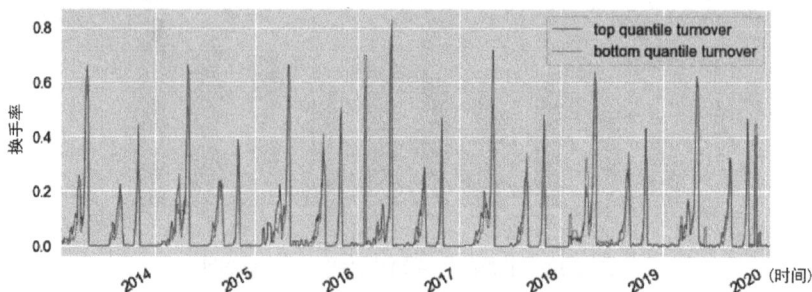

图 4-53　5 天调仓的 ROE 因子换手率

4.7.2　销售净利率

销售净利率也是衡量一家公司有没有核心竞争力的重要指标之一，其计算公式为：

$$销售净利率=(净利润/销售收入)×100\%$$

在通常情况下，销售净利率越大，说明企业的盈利能力越强，产品也具有更高的壁垒。贵州茅台、五粮液、老白干这三家白酒上市公司历年的销售净利率如图 4-54 所示。可以看到，品牌竞争力最高的贵州茅台的销售净利率远高于五粮液和老白干的，长期保持在 50%左右；而品牌竞争力最差的老白干的净利率长期在 10%以下。

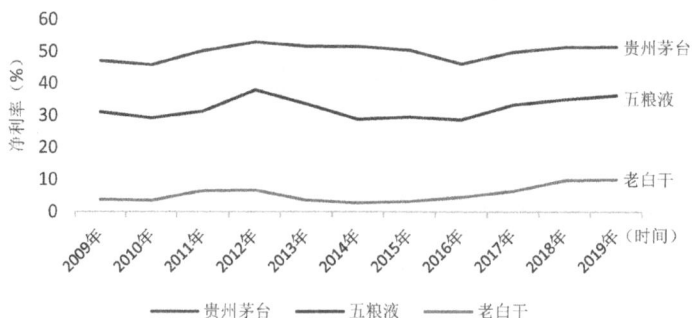

图 4-54　白酒企业销售净利率

5 天调仓的销售净利率 IC 时间序列和销售净利率 IC 热力图分别如图 4-55 和图 4-56 所示。可以发现，净利率这一因子与 ROE 因子有一点类似：在 2017 年之后 IC 的中枢有了一个抬升。

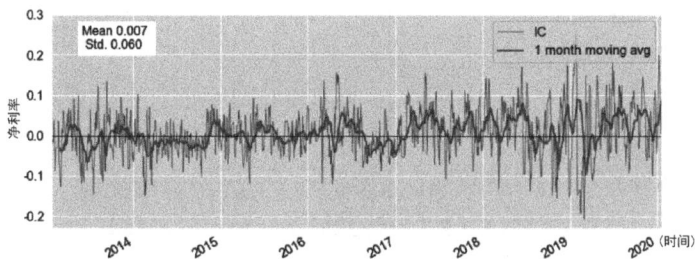

图 4-55　5 天调仓的销售净利率 IC 时间序列

	1月	2月	3月	4月	5月	6月	7月	8月	9月	10月	11月	12月
2013年	-0.020	-0.043	0.005	0.025	-0.021	-0.052	-0.024	-0.016	0.015	0.006	0.011	-0.007
2014年	0.003	-0.063	-0.023	-0.015	-0.017	-0.011	-0.020	-0.026	-0.026	-0.031	0.032	0.021
2015年	0.002	0.000	0.005	-0.031	0.010	0.015	0.021	-0.005	-0.015	-0.008	0.007	-0.004
2016年	0.006	0.027	0.024	-0.019	0.042	0.035	0.004	-0.034	-0.034	-0.021	-0.005	-0.045
2017年	-0.001	0.032	0.027	0.031	0.067	0.021	0.005	0.012	0.012	0.057	-0.004	0.013
2018年	0.067	-0.008	0.010	0.035	0.051	0.034	0.000	-0.011	-0.011	-0.005	-0.020	0.044
2019年	0.069	-0.120	0.005	0.001	0.035	0.035	0.056	0.037	0.037	0.045	0.024	0.026
2020年	0.097											

图 4-56　5 天调仓的销售净利率 IC 热力图

销售净利率因子的分组平均收益率柱状图如图 4-57 所示。可以看到，与 ROE 因子相比，这一因子的分组收益率单调性较差。这也与其较低的 IC 均值相吻合。

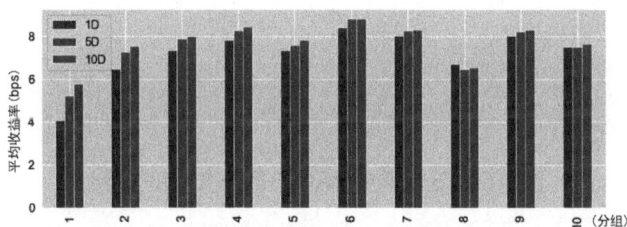

图 4-57　销售净利率因子分组平均收益率

同样地，作为一个财务指标因子，其换手率也体现出很明显的突变：在新的财务报表公布的时候，会发生较大的换手率。这一点可以从换手率图中看到，如图 4-58 所示。

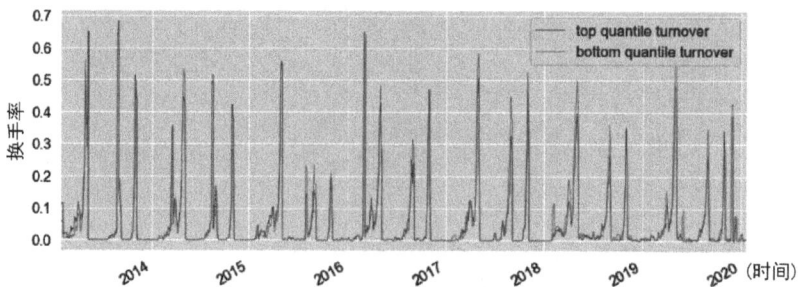

图 4-58　5 天调仓的销售净利率因子换手率

4.7.3　MAC10

MAC10 是一个简单的技术指标，其公式为：

$$MAC10=10\ 日移动均价/今日收盘价$$

观察 MAC10 因子的 IC 时间序列（如图 4-59 所示）和 IC 热力图（如图 4-60 所示）可以发现，这一指标并没有像 ROE 那样，在某一些时间段表现较好而在其他时间段表现较差，整体来看 MAC10 因子在所有时间点都表现得较为均匀。从其 IC 均值来看，其 0.055 的 IC 均值说明 MAC10 还是一个不错的因子。

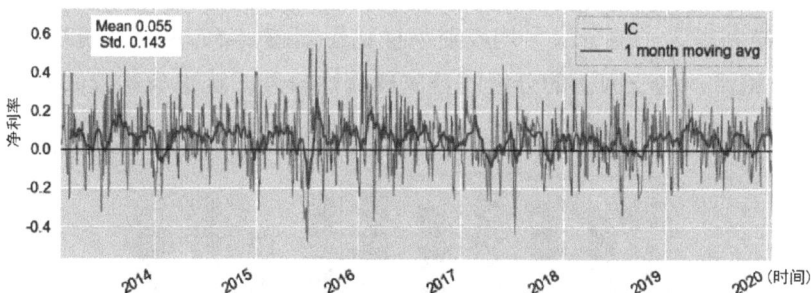

图 4-59　5 天调仓 MAC10 因子 IC 时间序列

但是观察 MAC10 因子的分组平均收益率柱状图（如图 4-61 所示）就会发现一个问题，这一因子的单调性不强，体现出来的是"中庸之道"：中间高，两侧低。而且 1 天调仓的时候，第一组的因子收益率显得较为异常。这里笔者简单介绍一下其背后可能的原因，读者可以根据笔者的解释进行相应的改进。

	1月	2月	3月	4月	5月	6月	7月	8月	9月	10月	11月	12月
2013年	0.042	0.055	0.110	0.006	0.079	−0.035	0.140	0.140	0.067	0.061	0.050	0.058
2014年	−0.035	0.054	0.079	0.100	0.076	0.060	0.055	0.130	0.052	0.095	0.073	−0.011
2015年	0.032	0.054	0.100	0.065	−0.005	−0.110	0.140	0.053	0.075	0.051	0.069	0.069
2016年	0.097	0.110	0.110	0.054	0.023	0.100	0.047	0.120	0.017	0.075	0.052	0.035
2017年	0.072	0.110	−0.015	−0.046	−0.030	0.110	−0.021	0.100	0.093	−0.063	0.003	0.051
2018年	−0.001	0.100	0.047	0.057	0.017	0.035	0.010	0.027	−0.025	0.055	0.055	0.056
2019年	0.032	0.067	0.160	0.091	0.026	0.091	−0.019	0.058	0.071	0.001	0.022	0.066
2020年	−0.031											

图 4-60　5 天调仓 MAC10 因子 IC 热力图

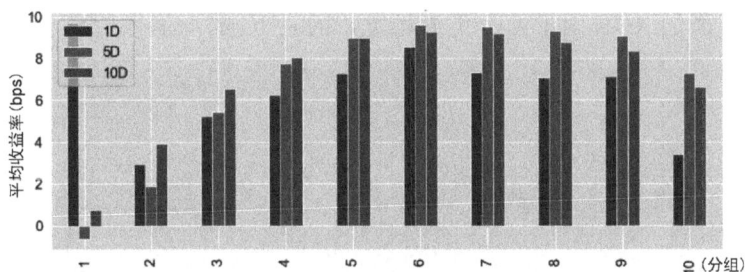

图 4-61　MAC10 因子分组平均收益率柱状图

MAC10 这一因子的逻辑其实是"强者恒强",即因子认为过去 10 天股价表现较为强势的个股,后续也大概率会有很好的表现。其背后隐含的经济逻辑为市场不是有效的,所以市场需要一定的时间来消化新的利好或者利空。

但是我们知道,很多强势股票的价格在连涨一段时间后,容易发生回调;或者连续下跌的股价极有可能出现暴力反弹,而暴力反弹往往较为短暂。这也是为什么 1 天调仓的因子收益率会如此奇怪的原因。

基于这样的逻辑,因子的表现就会像图 4-61 这样,体现出"倒 U 形"。

在市场发生极端行情的时候,换手率会有较大的波动。如图 4-62 所示,5 天调仓的换手率多在 70% 左右,而在 2015 年,由于市场流动性枯竭,停牌数目过多,被动造成换手率大幅下降。

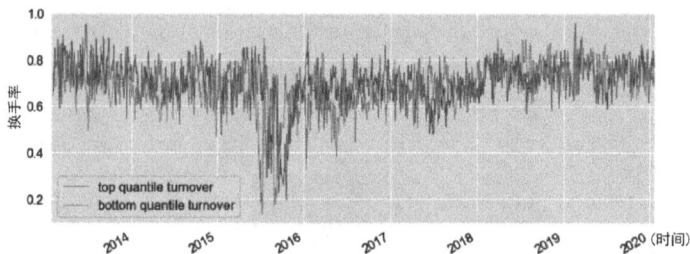

图 4-62　5 天调仓的 MAC10 因子换手率

4.7.4　BTOP 因子

BTOP 因子可以说是最容易理解的一个估值因子了。从 BTOP 因子 IC 时间序列图（如图 4-63 所示）中可以看到，同样是财务数据构成的因子，BTOP 因子相对于前面的 ROE 因子而言更为稳定，而且 IC 的均值也更高（0.032）。

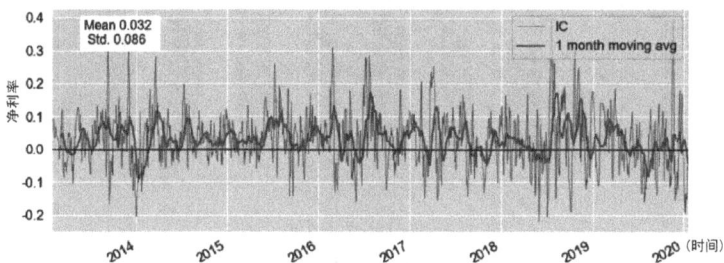

图 4-63　5 天调仓的 BTOP 因子 IC 时间序列

从因子的分组平均收益率柱状图（如图 4-64 所示）来看，它也是一个很好的因子。虽然其单调性在后半段有所减弱，但对于一个财务因子而言，其单调性依然处于可以接受的范围。

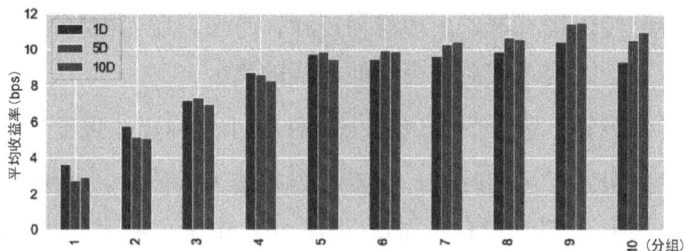

图 4-64　BTOP 因子分组平均收益率柱状图

从 BTOP 因子加权组合的收益率累计曲线（如图 4-65 所示）和分组组合累计收益率曲线（如图 4-66 所示）来看，BTOP 因子同样具有不错的表现，特别是在 2016 年之后。而这一因子的换手率折线图则比较有意思。在正常情况下，由于 BTOP 中的 "P"，也就是股价，会随着市场的波动而变化，所以会有小幅的换手率；而在公司公布财报的时候，账面价值也将会发生变化，造成与财务因子一样的换手率规律，图 4-67 直观体现了这一点。在平时，这一因子的换手率大约在 0.5%左右，而在财报公布季则会出现较高的换手率。

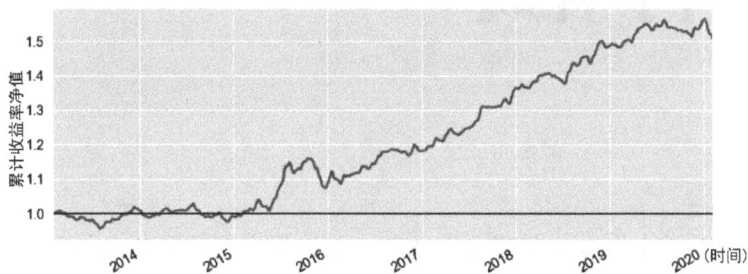

图 4-65　5 天调仓 BTOP 因子加权组合收益率累计曲线

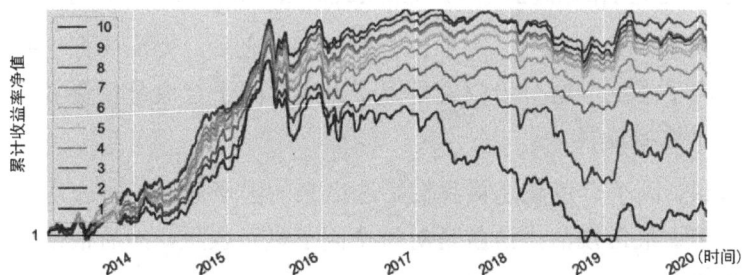

图 4-66　5 天调仓 BTOP 因子分组组合累计收益率曲线

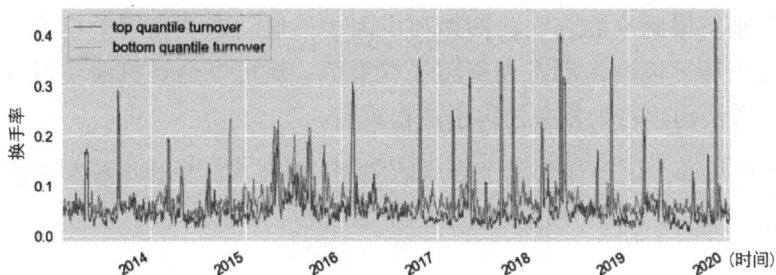

图 4-67　5 天调仓的 BTOP 因子换手率

5

第 5 章

因子合成

我们把因子比作做菜前需要准备的食材，那么有了好的食材就可以做出好吃的料理吗？显然事情没有这么简单，一道完美的料理要对好的食材进行合理的搭配，包括视觉上的配色、味觉上的融合、营养学上的互补等。

在因子模型中也是如此，有了优秀的单因子之后，就需要把这些因子搭配起来，而"因子搭配"这个步骤就是因子合成，因子合成是投资者表达自己投资观点的一个重要途径。

简单来讲，因子合成就是将我们筛选出来的因子通过某种方法加总为一个组合的因子值。最常规的方法就是对每个因子赋予权重，然后根据权重将不同的因子加权求和。

通常因子合成有一些传统的方式，例如等权、IC 加权、IC-IR 加权等；也有近几年刚发展起来的方法，例如利用因子估值动态调整因子权重、通过宏观经济与市场环境判断动态调整因子权重等；还可以通过机器学习，甚至深度学习的方法构建较为复杂的因子加权模型。

本章使用 5 个因子作为因子合成的案例，但在实际操作中模型的因子数量远大于这一数值。本章使用的 5 个因子如表 5-1 所示。

表 5-1　因子说明

名称	英文名	因子符号	说明
市值	Size	-1	股票总市值的对数
估值	BTOP	1	市净率，公司估值指标
盈利	ROE	1	净资产收益率
成长	Profit_yoy	1	净利润同比增长率
净利率	Net_profit_margin	1	公司销售净利率

5.1　经典加权方法

5.1.1　等权

等权是最简单的一种因子加权方式，即对所有的因子赋予相同的权重进行加总。如果采用了等权加权方法，那么背后的含义就是投资者在任何时刻对不同的因子都没有偏好，或者说投资者不具备对因子的选择能力。

我们可以先把表 5-1 提到的 5 个因子整合在一起，计算每一天因子值的均值，然后将均值作为合成后的因子值。

首先，我们利用资源下载中 factor 文件夹中的因子值文件（.h5 文件）获取历史因子值并进行整合。

```
In:
factor_fn_list = ['inc_net_profit_year_on_year_zscore', 'btop_
zscore', 'roe_zscore', 'size_zscore','net_profit_margin_zscore']
    factors_df_list = [pd.read_hdf('./factor/%s.h5' % fn) for fn in
factor_fn_list]
```

从文件夹中读取因子数据后，使用"merge"方法将这些因子数据整合起来。

```
In:
    factors_df = factors_df_list[0].merge(
    factors_df_list[1], on=['data_date', 'secucode'], how='inner')
.merge(
```

```
    factors_df_list[2], on=['data_date', 'secucode'],
how='inner').merge(
    factors_df_list[3], on=['data_date', 'secucode'], how='inner')
.merge(
    factors_df_list[4], on=['data_date', 'secucode'], how='inner')
    factors_df.columns = ['data_date', 'secucode','inc_net_profit_
year_on_year', 'btop', 'roe', 'size','net_profit_margin']
```

将 5 个因子整合在一起后的 DataFrame 如表 5-2 所示，用于计算后续的等权因子值。需要注意的是，这里的因子值并不是原始值，而是经过标准因子处理流程之后的因子值。

表 5-2　整合后的因子表

data_date	secucode	inc_net_profit_ year_on_year	btop	roe	size	net_profit_ margin
2013/1/22	000001.SZ	0.02998	−0.872228	0.002443	−0.27651	−0.233909
2013/1/22	000002.SZ	−0.066936	−0.517619	0.134836	−2.520517	0.067506
2013/1/22	000004.SZ	−0.003986	−0.964762	−0.317834	1.996509	−0.068368
2013/1/22	000005.SZ	0.052247	−1.385247	0.142721	0.575675	0.335314
2013/1/22	000006.SZ	−0.016531	−0.644358	0.206084	−0.094411	0.044079

我们利用这个 DataFrame 求取这些因子值每一天的均值，结果如表 5-3 所示。

```
    In:
    factors_df['equal_weight_Alpha'] = factors_df[['inc_net_profit_
year_on_year','mac10','btop','roe','size',
'net_profit_margin']].mean(axis=1)
    factors_df[['data_date', 'secucode', 'Alpha']]
    Out:
```

表 5-3　因子值的均值

data_date	secucode	equal_weight_Alpha
2013/1/22	000001.SZ	−0.270045
2013/1/22	000002.SZ	−0.580546
2013/1/22	000004.SZ	0.128312

data_date	secucode	equal_weight_Alpha
2013/1/22	000005.SZ	−0.055858
2013/1/22	000006.SZ	−0.101027
...	...	...
2020/2/12	603991.SH	0.011437
2020/2/12	603993.SH	−0.528838
2020/2/12	603997.SH	0.037866
2020/2/12	603998.SH	0.100487
2020/2/12	603999.SH	0.161232

这个时候，我们可以将这一等权加权求和之后的因子值作为一个因子，并利用 Alphalens 对其进行测试。测试结果会在稍后的内容中进行展示，并与其他的因子合成方法进行比较。

5.1.2　滚动 IC 与 IC_IR

因子等权的组合方法似乎过于简单，是不是还有进一步优化的方法？通常，对因子等权组合的简单升级就是因子 IC 加权或者因子 IC_IR 加权。

我们先来讨论因子 IC 加权。

从因子 IC 的定义可以知道，因子 IC 其实就是因子值和未来收益率的相关性。根据之前单因子测试的结果可以发现，对因子 IC 进行一定平滑之后的序列有较强的趋势性。既然 IC 具有一定的趋势性，那么是不是可以将某一长度的历史数据计算而来的 IC 值作为加权权重的依据呢？

基于这样的想法，我们使用滚动平均 IC 来对因子进行加权。滚动平均 IC 背后的逻辑很简单：计算历史某一长度的因子 IC 值均值，并将其作为因子在当天的权重。计算出来的因子 IC 均值越大，则赋予它的权重越大。

滚动 IC 的计算公式如下：

$$IC\_w_f^t = \frac{\sum_{i=1}^n IC_f^{t-i}}{n}$$

式中，n 为滚动 IC 的滚动计算长度，通常我们可以选取 120 个交易日或 250

个交易日；IC_f^{t-i} 为因子 f 在 $t-i$ 交易时刻计算出来的因子 IC 值；$IC\_w_f^t$ 为 f 因子在 t 交易时刻的滚动平均 IC，将会被用来作为权重。

在使用滚动 IC 加权之前，我们需要构建每一个因子每天的 IC 值序列，并记录下来。同时在计算新因子值的时候计算前一个交易日的 IC 值，以进行增量更新。在此基础上，对于每一个交易日，都可以回溯该天之前某一长度的历史 IC 值，并求取均值来作为加权的参考。

IC 的历史计算比较简单，Alphalens 已经帮我们绘制了历史的 IC 值，但是并没有把 IC 值输出给使用者。读者可以根据 Alphalens 整理好的 factor_data 进行简单的操作以获得历史的 IC 值。

滚动平均 IC 加权只注重因子 IC 的大小，而没有考虑 IC 的波动，很显然在金融领域这样的处理并不合理。有些因子 IC 值或许很高，但是稳定性很差，时而具有高的正 IC 值，时而具有低的负 IC 值，上蹿下跳现象特别严重。对于这一类因子，如果使用滚动 IC 值作为其加权的依据，那么极有可能当我们认为因子具有较高正 IC 值而给其赋予较高正向权重之后，未来的 IC 会体现出与过去不一样的表现，甚至发生方向变化。这会造成权重分配的错误，导致最后合成因子的表现较差。

为了对因子 IC 的波动性进行惩罚，我们可以计算因子的滚动 IC_IR 并将其作为因子加权的依据。IC_IR 的计算公式如下：

$$IC\_IR\_w_f^t = \frac{IC\_w_f^t}{std(IC_n)}$$

式中，$IC\_w_f^t$ 为因子 f 在 t 交易时刻的滚动 IC 均值；$std(IC_n)$ 为这一区间 IC 值的标准差。观察上面的公式可以发现，IC_IR 加权与滚动 IC 加权之间的差别在于是否除以滚动计算区间 IC 值的标准差。

接下来我们用代码计算上述权重，并且计算出相应的合成因子值。

首先，回顾一下 Alphalens 给我们整理好的"factor_data"数据集的示例数据，如表 5-4 所示。

表 5-4　factor_data 数据示例

date	asset	1D	5D	10D	factor	group	factor_quantile
	000001.SZ	−0.02	0.04	0.06	−0.28	bank	4
	000002.SZ	−0.01	0.04	0.05	−2.52	real estate	1
2013/1/22	000004.SZ	0.02	0.11	0.10	2.00	medical biology	10
	000005.SZ	0.10	0.06	0.05	0.58	real estate	8
	000006.SZ	0.05	0.06	0.07	−0.09	mining	4

例如，我们希望计算因子 5 天调仓的 IC 时间序列，那么就可以每天计算一下表 5-4 中的 5D 这一列和 factor_quantile 这一列的秩相关系数，即当天的因子 IC 值。

```
In:
spearman_ic = factor_data.reset_index().groupby('date').apply
(lambda x: x['factor'].corr(x['5D'], method='spearman'))
```

我们将这一因子的 IC 序列保存在本地或数据库中，并进行相应的命名，以便后续使用。在资源下载中名称为"IC"的文件夹下已经给读者提供了要用到的因子的历史 IC 值，以".h5"的格式存储。同样，在计算因子 IC 加权权重的时候，也需要将每一个因子的 IC 组合起来（如表 5-5 所示）。

```
In:
ic_fn_list = ['roe', 'size', 'inc_net_profit_year_on_year', 'm
btop', 'net_profit_margin']
IC_df = pd.DataFrame([pd.read_hdf('./ic/%s_ic.h5' % name) for name
in ic_fn_list], index=ic_fn_list).T
Out:
IC_df
```

表 5-5　因子 IC 表示例

date	roe	size	inc_net_profit_year_on_year	btop	net_profit_margin
2013/1/22	0.089623	−0.018027	0.121681	0.002206	−0.039795
2013/1/23	0.069914	−0.071167	0.099872	0.046341	−0.050415
...	...	...	...	...	...
2020/1/20	0.220384	−0.243775	0.067917	−0.018736	0.087178
2020/1/21	0.204732	−0.255792	0.058741	−0.029714	0.072756

然后，我们使用 rolling 方法计算过去 120 天因子 IC 每天的均值及 IC_IR。

```
In:
IC_120_weight = IC_df.rolling(120).mean().dropna()
ICIR_120_weight = IC_df.rolling(120).apply(lambda x: x.mean()/
x.std()).dropna()
```

将两个权重的计算结果绘制出来，如图 5-1 和图 5-2 所示。

```
In:
IC_120_weight.plot(figsize=(19, 10))
Out:
```

图 5-1 滚动 IC 权重

```
In:
ICIR_120_weight.plot(figsize=(19, 10))
Out:
```

从直观上来看，滚动 IC 方法计算出的权重波动更大，容易造成单个因子一家独大的局面；而 IC_IR 方法相对而言较为平滑，每个因子的波动性几乎一致。

有了两种加权的权重值后，只需要每天进行对应的加权即可，这里就不再赘述加权合成因子的代码了。

图 5-2　IC_IR 权重

5.1.3　合成因子测试结果

　　我们分别对等权加权、滚动 IC 加权和 IC_IR 加权 3 种方式获得的合成因子进行测试。

1. 收益率表

　　表 5-6、表 5-7、表 5-8 分别是等权加权、滚动 IC 加权、IC_IR 加权三种方法下的组合的收益率概况。可以发现，滚动 IC 加权组合的收益率效果最好，表现最突出；等权加权组合的收益率效果较差，而 IC_IR 加权组合在合成因子收益率上的表现略差于滚动 IC 加权。

表 5-6　等权加权组合的收益率

	1D	5D	10D
Ann. Alpha	0.08	0.18	0.17
Beta	−0.02	−0.01	−0.01
Mean Period Wise Return Top Quantile (bps)	8.65	13.39	14.53
Mean Period Wise Return Bottom Quantile (bps)	3.06	−3.52	−1.96
Mean Period Wise Spread (bps)	5.6	17.27	16.9

表 5-7 滚动 IC 加权组合的收益率

	1D	5D	10D
Ann. Alpha	0.22	0.21	0.18
Beta	−0.05	−0.02	0
Mean Period Wise Return Top Quantile (bps)	16.28	16.93	16.63
Mean Period Wise Return Bottom Quantile (bps)	−4.51	−3.87	−2
Mean Period Wise Spread (bps)	20.79	21.25	18.96

表 5-8 IC_IR 加权组合的收益率

	1D	5D	10D
Ann. Alpha	0.19	0.19	0.17
Beta	0.01	0.02	0.03
Mean Period Wise Return Top Quantile (bps)	15.16	16.06	16.05
Mean Period Wise Return Bottom Quantile (bps)	−3.69	−3.7	−2.19
Mean Period Wise Spread (bps)	18.84	19.92	18.32

2. 分组收益率

图 5-3、图 5-4、图 5-5 分别为等权加权、滚动 IC 加权、IC_IR 加权分组收益率。

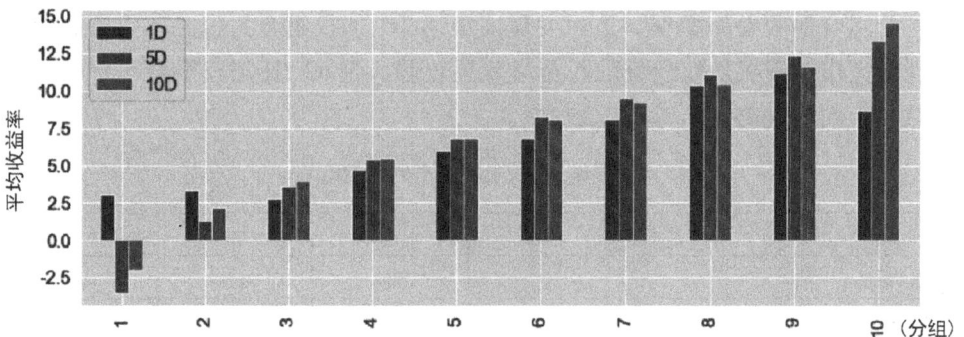

图 5-3 等权加权分组收益率

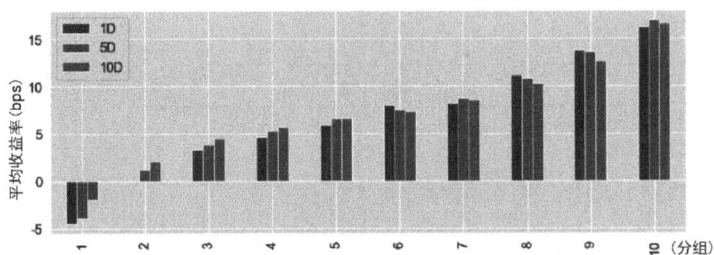

图 5-4　滚动 IC 加权分组收益率

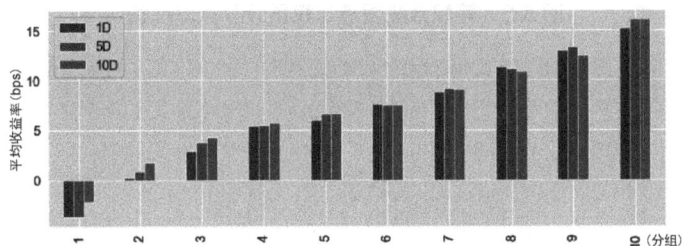

图 5-5　IC_IR 加权分组收益率

可以发现，这 3 种因子加权方法合成后的因子都具有很强的单调性。此外，从 1 天调仓的柱状图来看，滚动 IC 加权与 IC_IR 加权明显强于因子等权加权。等权的合成因子 1 天调仓收益率的单调性在最后有所下降，而滚动 IC 与 IC_IR 则不存在这样的情况。滚动 IC 与 IC_IR 的最高得分组的平均收益率也高出等权方法的合成因子：前两者大于 15bps，而等权情形则低于 15bps。

3. 因子值加权收益率

因子加权收益率的表现（图 5-6、图 5-7 和图 5-8）与先前的收益表所展示的特点基本一致。滚动 IC 与 IC_IR 都有较好的表现，而等权加权的合成因子则表现一般。

从绝对数值上来说，滚动 IC 与 IC_IR 都好于简单的等权，这也有力地说明了，将因子的 IC 作为因子配权的参考是很有实际意义的。

比较滚动 IC 与 IC_IR 两个因子加权组合的累计收益率曲线可以发现，虽然两者十分相似，但滚动 IC 方法的合成因子的最终收益率是高于 IC_IR 的；但是，IC_IR 方法的合成因子的累计收益率曲线显得更平滑，波动更小。例如 2018 年至 2019 年之间的曲线，IC_IR 方法的净值曲线波动略小。

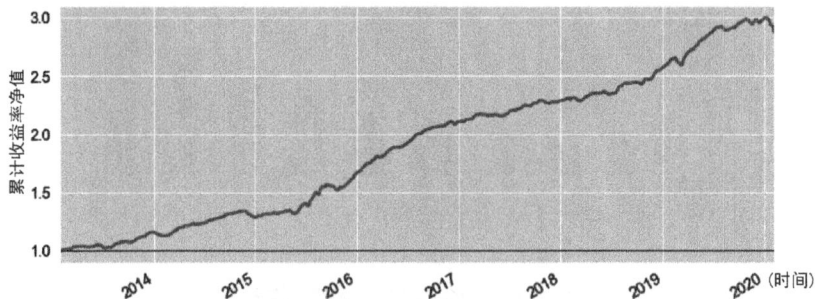

图 5-6　等权合成因子加权累计收益率曲线

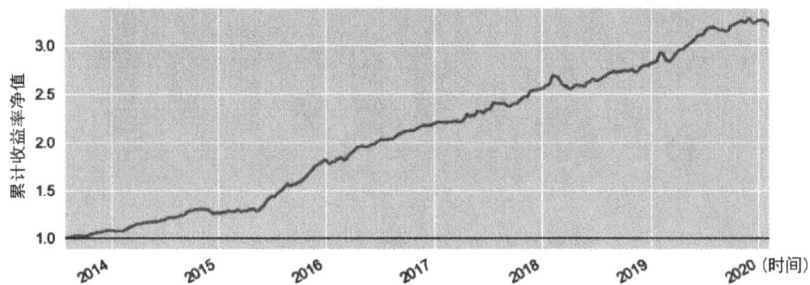

图 5-7　滚动 IC 合成因子加权累计收益率曲线

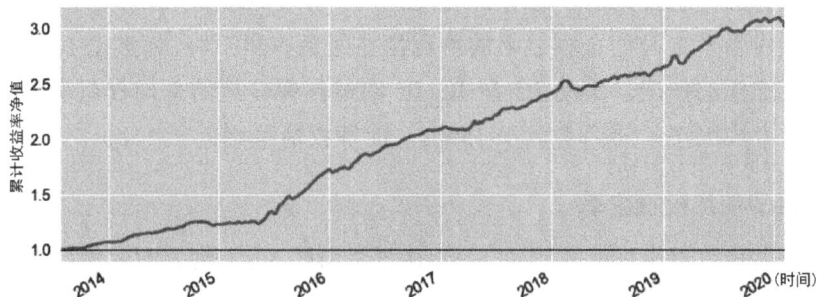

图 5-8　IC_IR 合成因子加权累计收益率曲线

4. IC 表

这 3 种加权方式的 IC 表如表 5-9、表 5-10 和表 5-11 所示。从 IC 的绝对数值上来看，似乎等权是最优的结果。无论是 IC 的均值或者是风险调整后的 IC，等权方法都好于其他两种方法。但值得注意的是，在等权情形下，IC 的峰度较大，且偏度也不小。综合这些特性，滚动 IC 与 IC_IR 方法在 IC 测试表中的结果更好。

表 5-9　等权加权方式的合成因子 IC 表

	1D	5D	10D
IC Mean	0.06	0.08	0.09
IC Std.	0.1	0.1	0.11
Risk-Adjusted IC	0.58	0.78	0.82
t-stat(IC)	23.92	32.33	34
p-value(IC)	0	0	0
IC Skew	−0.47	−0.22	−0.11
IC Kurtosis	0.9	0.06	−0.18

表 5-10　滚动 IC 加权的合成因子 IC 表

	1D	5D	10D
IC Mean	0.044	0.073	0.084
IC Std.	0.112	0.12	0.125
Risk-Adjusted IC	0.395	0.611	0.676
t-stat(IC)	15.74	24.33	26.91
p-value(IC)	0	0	0
IC Skew	−0.1	−0.18	−0.332
IC Kurtosis	0.393	0.215	0.065

表 5-11　IC_IR 加权的合成因子 IC 表

	1D	5D	10D
IC Mean	0.042	0.068	0.079
IC Std.	0.103	0.11	0.116
Risk-Adjusted IC	0.41	0.617	0.678
t-stat(IC)	16.31	24.54	26.982
p-value(IC)	0	0	0
IC Skew	-0.14	-0.214	-0.307
IC Kurtosis	0.238	0.082	-0.031

5. 分组换手率

从换手率图（如图 5-9、图 5-10 和图 5-11 所示）中我们可以看出，等权加权的换手率与滚动 IC 和 IC_IR 加权方法呈现出不同的特征。在大部分时候，滚动 IC 保持较低的换手率，但是在市场风格变换的时候，换手率就会上升，原来表现较好的因子与较差的因子很有可能会发生互换，从而导致分组中产生较高的换手率。IC_IR 加权的方法也是如此。同时由于 IC_IR 还与因子自身的IC 的波动有关，所以其换手率的波动会略大于滚动 IC。而由于等权方法与市场环境无关，所以以整体来看，其换手率较为稳定。

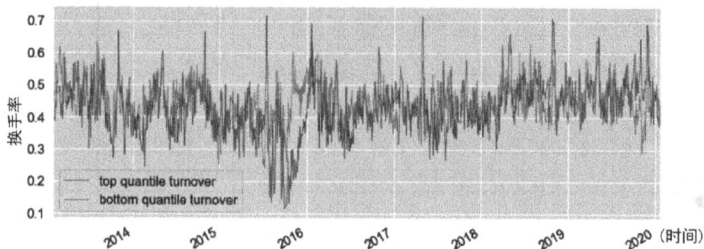

图 5-9　等权加权合成因子的换手率

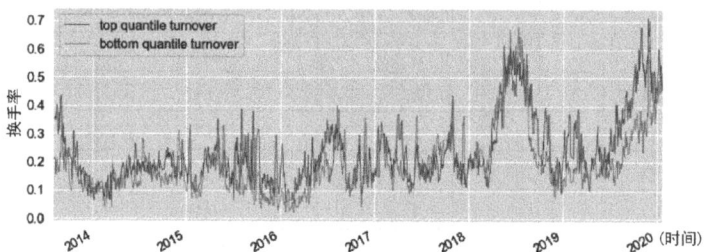

图 5-10　滚动 IC 加权合成因子的换手率

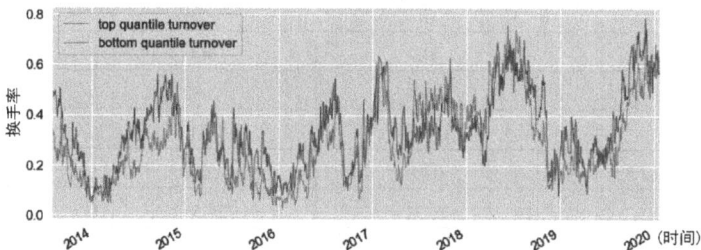

图 5-11　IC_IR 加权合成因子的换手率

5.1.4　其他加权方法

除了这 3 种经典的因子加权方法，许多投资者也在尝试使用其他方法进行因子的合成或因子的主观选择。

1. 机器学习

使用机器学习的方法进行因子合成是最近几年比较热门的方向。我们注意到，上面的 3 种经典的因子加权方法都是线性方法，也就是因子与因子之间都是通过"权重"这一关键变量发生联系的，而因子与因子之间并不直接相互作用。

但是，在实际的金融市场中，因子与股票的收益率之间可能并不是简单的线性关系。例如，因子 A 与因子 B 相乘会有更好的预测能力，甚至因子 A 在因子 B 的幂次下具有较好的预测能力。很明显，这是前面的加权方法所不能获取的信息。

机器学习的引入可以增加这些非线性因素的表达，但是金融市场的特性与其他领域不同。大部分机器学习模型是一个黑箱，很难有直观上的理解，而这在金融领域很难被接受，所以一般的尝试者会更多地使用一些可以直观理解的机器学习模型，例如决策树、随机森林等。

2. 因子估值

对于单只股票，我们有估值的概念。例如可以通过一系列估值指标（如 PB、PE、PS 等）来衡量股票估值的高低。那么因子是不是也可以用这种方法来分配权重呢？答案是肯定的。

我们衡量一个因子估值是低还是高的方法就是比较因子得分最高的一组和最低的一组之间估值的差距。例如，将 ROE 因子值最大的一组和最小的一组取出，计算两组股票的平均 PB，然后做差，通过观察这一差值的时间序列来分析因子估值的高低。

当这一因子的估值处于高位的时候，我们降低其权重；当估值处于低位的时候，增加其权重。通过这样的估值判断来调节因子权重。

这一方式可以单独作为因子权重的计算模型，也可以与 3 种经典加权模型配合使用。

5.2　情景配置

股票在本质上就是一类资产，而资产本身是没有涨跌的理由的，上涨和下跌这样的资产价格波动一定是由宏观环境和市场环境中的某些驱动因素造成的。说得形象一点，股票市场就是宏观环境和市场环境的投影。

因子是股票市场的一种合理的分解，股票获得收益的背后对应的就是每一个因子获得的收益。因此寻找因子与宏观环境和市场环境之间的联系，然后借助投资者对宏观环境和市场环境的认知来选择因子，确定因子的权重，会是一个很有前景的预测方式。

5.2.1　市值因子的分析

市值因子是我们经常提到的一个因子。对市值因子的选择其实就是在判断市场的大小盘风格。我们再来回顾一下市值因子的因子值加权组合的表现，如图 5-12 所示。

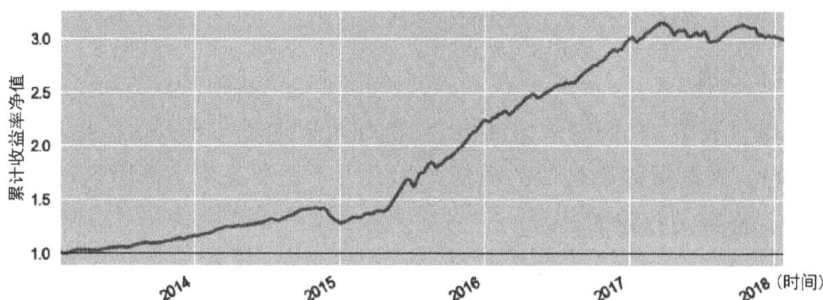

图 5-12　市值因子的因子值加权组合

在前面讨论市值因子曲线的时候，我们提出了两个问题。

- 为什么在 2015 年之后，这一因子的表现特别好？
- 为什么在 2017 年之后，这一因子开始掉头向下了？

我们从经济逻辑上来分析一下大市值股票和小市值股票的区别。这里需要明确一点，市值因子是经过行业中性化的，所以并不是说市值因子小的股票就是整个市场中市值最尾部的股票，而是一个行业中市值相对较小的股票。

那么，在同一个行业中，小市值公司和大市值公司最大的区别是什么呢？

回顾 A 股的历史，我们知道，市值小的公司更容易被资金炒作。当公司所处行业有一定的利好概念或者利好政策发布的时候，相应行业的小市值公司往往涨幅比大市值公司大。除了纯资金行为外，小市值公司的成长性也较好。这就造成市场通常认为小市值公司相对于大市值公司有更多大成长空间，给予小市值公司更高的估值。

同时，在资本市场监管环境较为宽松的时候，小市值公司可以通过外延并购来大幅度增加自己的盈利，而通常资本市场也愿意为此付出较高的股价。

那么，什么环境对行业中的大市值公司的发展有利呢？

大市值公司一般是行业中的领头羊，通常具有稳定的市场份额、较小的经营风险，以及一定的优质抵押物，所以在经营过程中，更加容易获得贷款。当宏观环境处于信用紧缩周期，信贷政策不够宽松的时候，行业中的大市值公司获得贷款的能力相对于小公司往往较强，而同行业的小市值公司由于在经营上存在较大的不确定性，因此获得信贷的能力会弱很多。在紧信用周期，市场风险偏好往往会下降，投资者开始对小市值公司的成长性提出质疑，造成其股价下跌。大市值公司由于本身估值相对较为合理，所以一般不存在大幅度下跌的情况。

基于上面的分析，我们可以明确，影响这一因子表现的主要因素是：流动性的宽松、信贷政策、监管态度。根据这个思路，我们来观察一下 2017 年前后这些因素的变化情况。

（1）十年期国债的收益率，如图 5-13 所示。十年期国债收益率是全市场利率的一个重要的锚。值得关注的是，在 2017 年之后，国债收益率开始上行，也正是在这个时候市值因子开始反转。

图 5-13　十年期国债收益率

当然，我们不能说就是因为国债收益率的上行导致了市值因子表现的逆转，但至少这是一个值得关注的信号。如果读者后续对市值因子的择时进行深入研究，那么市场的利率必然是一个绕不开的课题。

（2）广义货币（M2），如图 5-14 所示。M2 作为货币供应量的一个观测指标，可以用来衡量信贷政策的收紧与放松。可以看到，从 2015 年年末开始，M2 的增速开始下行，到 2017 年之后跌至 10%以下，这也与市值因子的表现一致。

图 5-14　M2 当月同比数据

（3）关于监管的问题，我们可以回顾相应的事件。其中，部分金融宽松信号与时间点如下。

- 自 2013 年 12 月 31 日起，股转系统面向全国，将受理所有企业的挂牌申请。
- 2014 年 5 月，提出多层次资本市场建设、市场化并购重组、培育私募市场等新政策。政策宽松开始，资管业务蓬勃发展，"大资管时代"论调提出。
- 2014 年 11 月 17 日，沪港通开通。
- A 股在 2014—2015 年期间，IPO 数量和募资额远高于前期，增发数量和募资额屡创新高。

以上仅列出了 2015 年以前的部分政策信号，有兴趣的读者可以通过查阅资料回顾当时的市场与政策。

而在 2017 年前后监管趋紧，包括资管新规、金融供给侧改革等，使市场整体处于金融去杠杆的环境中。

基于以上讨论，我们可以建立一个初步的市值因子权重选择框架，如表 5-12 所示。笔者认为流动性是市值因子三个驱动要素里面最为重要的一个。

表 5-12　市值因子权重择时框架

流动性	信贷	监管	市值因子预判
宽松	宽松	宽松	表现好
		收紧	表现较好
	收紧	宽松	表现较好
		收紧	表现较差
收紧	宽松	宽松	表现较好
		收紧	表现较差
	收紧	宽松	表现较差
		收紧	表现差

5.2.2　ROE 因子的择时

前面我们多次提到 ROE 因子是价值投资者最关注的指标。反过来说，当市场关注且追捧 ROE 因子的时候，往往是所谓的"价值投资"盛行的时候，也是市场处于盈利驱动的阶段。

我们知道，股票价格 P 等于 PE 与 E 的乘积：

$$P = PE \times E$$

式中，PE 反映的是市场给予的估值，这与市场的信心、流动性等有关；E 为上市公司的盈利。

那么，影响整个市场的主要因素就可以分为估值驱动与盈利驱动两种。如果是盈利主导的市场，则是 E 主导 P 的变动，这个时候投资者将会更加注重上市公司的盈利水平，ROE 因子就会显得极为重要。而在估值主导市场的时候，也就是 PE 主导 P 的变动时，市场主要受到情绪、流动性或者监管态度的影响，这个时候 ROE 因子则不那么重要。

回顾一下 ROE 因子加权组合的累计收益率曲线，如图 5-15 所示。

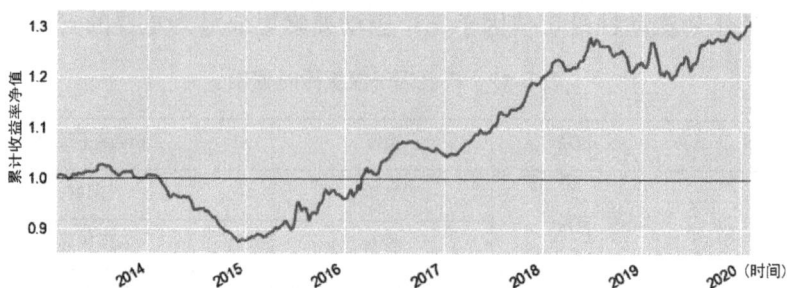

图 5-15　ROE 因子加权组合累计收益率曲线

我们可以发现，在 2014 年的时候，ROE 因子是下行的态势，2015 年开始震荡上行。2017—2018 年是 ROE 因子表现最好的时间段。

回顾一下 2014 年的宏观环境。2014 年整体的货币政策宽松，二季度多次定向降准；监管环境较为宽松，年初保监会允许保险资金投资创业板股票，年中沪港通正式批准开通。这一年也是 2015 年流动性牛市的起点。

在这样的市场环境下，市场的上涨更多是由估值驱动的，而不是由上市公司的盈利增长而导致的。因此在这一阶段，市场并不关注 ROE 因子，ROE 因子表现一般。

而 2016 年之后的市场在整体环境上发了很大的变化。监管变严，出台了资产重组的管理办法及 2018 年的资管新规等政策。同时，供给侧改革和 2018 年的金融去杠杆也逼迫市场去寻找业绩优秀、真正创造价值的公司。也正是在这一期间，ROE 因子开始上行。

在流动性宽松的时候，投资者更加注重公司的成长性与其"讲故事"的能力；而在严监管、去杠杆的环境中，具有稳定的效益、较高 ROE 因子的公司一定会被市场青睐。可以说，回过头去看，2016 年是一个转折的年份：市场从估值驱动转化为业绩驱动，体现出来的特点就是 ROE 因子的超额收益。

基于对宏观环境的认知、对经济周期的判读及市场环境的感知来对因子未来的表现进行预判是一个较为有价值的研究方向。其涉及较多的宏观经济和金融市场分析的内容，并不是本书的重点，因此本书仅对前面两个例子做简单介绍。

第 6 章

6

组合构建

所谓"组合"，其实就是按照特定的权重买入一篮子特定的股票。根据多因子模型框架图，当我们对因子进行合成之后，就可以选出一些股票。但是如何对这些股票配权重、每一只股票应该买多大比例的问题依旧没有解决。

可以采用"组合构建"的方式来解决这些股票权重的问题。目前有很多组合构建方法：有简单的，例如将挑选出来的股票全部等权买入；也有复杂的，例如使用优化器，利用马科维兹的理论来构建优化组合。

6.1 一般方法

本节介绍几种一般的组合构建方法。这些方法较为简单，但是简单并不意味着低收益，甚至在很多时候，越简单的方法越可以获得高收益。

在组合构建的一般方法中，我们会先根据之前计算好的合成因子值对所有的股票进行排序，然后选取得分最高的 N 只股票。例如，选取得分最高的前 10%或者 5%的个股，然后给这些选出来的股票赋予一定的权重，从而完成组合的构建。

6.1.1 等权加权

等权加权是最简单的一种股票组合方法，即在选出了一篮子股票之后，按照金额等权购买。假设我们选出的股票数量为 10，那么每一只股票的权重均为 0.1，也就是每只股票都占整个组合金额的 10%。

等权组合计算简单，而且构建方便，但这样构建的组合过于粗糙。等权组合既不能体现投资者对单只股票收益率高低的看法，也不能体现投资者对股票风险的看法。

我们用第 5 章计算出来的等权的合成因子值（Alpha_df.h5）数据来编写等权组合的收益情况。

```
In:
Alpha_df = pd.read_hdf('Alpha_df.h5',key='data')
tpd = pd.read_hdf('total_tpd.h5', key='data')
Alpha_df = pd.read_hdf('./factor/eaqul_weight_Alpha.h5',key='data')
Alpha_df.sort_values(['secucode','data_date' ], inplace=True)
Alpha_df.factor_neuted =
Alpha_df.groupby('secucode').apply(lambda x:
x['equal_weight_Alpha'].shift(-1)).values
Alpha_df.dropna(inplace=True)
```

首先我们将需要的数据集读取进来，包括合成因子值和行情数据。这里我们用到的是组合好的因子值 Alpha_df。读者可以在读取之后查看一下数据集的格式。

然后构建一个函数，这个函数用于判断当前的合成因子值是否大于某一个分位数。

```
In:
def top_quantile(df, pct=0.05):
    up_line = df['Alpha'].quantile(1 - pct)
    return df['Alpha'] >= up_line
```

这一函数默认选取因子得分前 5%的股票（pct=0.05）。当合成因子值位于前 5%的时候，函数返回的就是 True；反之就是 False。后续只需要根据返回的值是 True 还是 False 进行过滤，筛选出打分前 5%的股票即可。

```
In:
Alpha_df['flag'] = Alpha_df.groupby('data_date').apply(lambda x:
```

```
top_quantile(x))
    Alpha_df = Alpha_df[Alpha_df.flag]
```

接下来利用 merge 函数，将行情数据集 tpd 中的收益率数据吸纳进来。注意：这里使用的连接方式是 left，即只保留被我们筛选出来的股票的行情和因子值。

```
In:
    Alpha_df = Alpha_df.merge(tpd[['data_date','secucode','daily_
return', 'mv']], on=['data_date','secucode'], how='left')
```

最后，绘制等权组合净值曲线，如图 6-1 所示。

```
In:
    Alpha_df.groupby('data_date')['daily_return'].mean().add(1).cump
rod().plot(figsize=(16, 9))
```

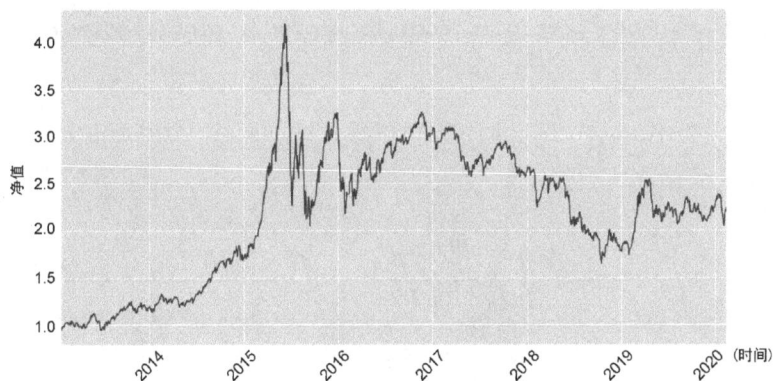

图 6-1　等权组合净值曲线

6.1.2　市值加权

市值加权就是让组合中股票的权重与股票的市值成正比。市值加权与等权加权一样，也不能很好地反映股票的预期收益率与风险。但是相对于等权加权，市值加权有相应的优势。

一般的指数构建虽然不是按照市值加权的，但往往大市值的公司在指数中有较大的权重。因此如果采用等权加权的方法构建组合，那么相对于大盘基准指数而言，我们自然而然就产生了对小市值股票的偏好。

在实际操作中，我们更多地采用市值的平方根作为权重。这样的好处是可以避免特别大的公司占有绝对的权重，从而避免组合的单一风险过大。且根据学术界的实证分析，个股的波动率与个股的市值平方根可以认为是接近线性反比的关系。这和我们的实际经验也一致：往往大盘股、大蓝筹股的股价波动较小。既然这样，采用市值平方根加权就可以将股价波动这一信息包含进去，使得组合中每一只个股的波动程度都处于差不多的水平，最后构建的组合的表现就会变得更加平稳。

下面的代码使用了市值的平方根作为权重。组合的净值曲线如图 6-2 所示。

```
In:
mv_root_weighted_portfolio =
Alpha_df.groupby('data_date').apply(lambda x: (x['daily_return'] *
np.sqrt(x['mv']))).sum() / np.sqrt(x['mv']).sum())
mv_root_weighted_portfolio.add(1).cumprod().plot(figsize=(16, 9))
Out:
```

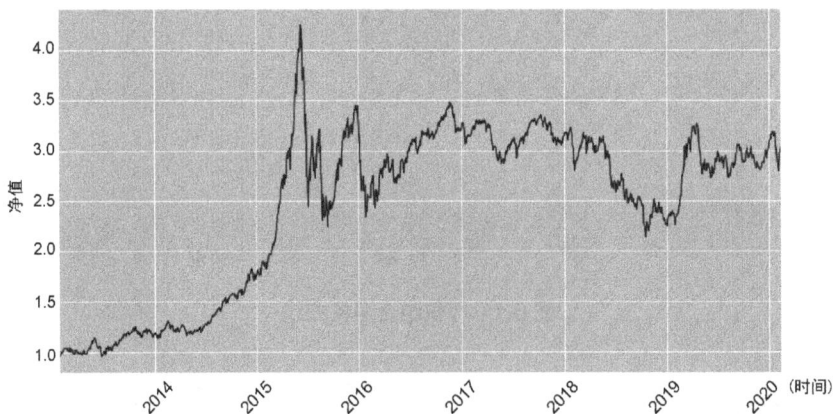

图 6-2　市值平方根加权组合的净值曲线

6.2　均值-方差组合

均值-方差组合是一种偏于学术但具有实践意义的组合构建方法，这一方法最早来源于马科维兹的组合理论。这里我们不对理论展开讨论，仅从直观理解和编程实现的角度来学习这一组合构建的方法。

当我们使用某种方法（例如使用 IC_IR）对因子值进行合成之后，每一只股票就都拥有了一个分值。在多因子框架下，某股票因子值的数值越高，我们就认为该股票具有越高的预期收益率。此时最质朴的想法是全仓买入分值最高的股票就可以获得最高的预期收益率了。

很显然，这样的想法是不对的。这一想法仅考虑了预期收益率而没有考虑组合预期的风险。作为一名投资者，在考虑收益的时候永远不能忘记收益的另一面：风险。即使多因子模型给某一只股票的打分最高，也不意味着这一只股票后续实现的收益率就会最高。由于多因子模型是在统计学的基础上构建而来的，只能从概率维度告诉我们哪些股票会有较好的预期收益，而最终实现的收益不一定与模型预测的情况一致。

科学的组合构建方法应在收益和风险之间取得平衡，用可以接受的风险去获得最大的收益或者在一定的预期收益下寻找最小风险的组合。显然，这一想法可以变成一个优化问题。

当然，在实际构建组合的过程中还会受到各种条件限制，例如股票不能卖空、持有的股票数量存在上限、希望组合中每一个行业的市值占比与大盘一致等。因此在实际情形中，上述问题便转化为一个带约束的优化问题。

6.2.1　优化器的使用

在开始讨论优化组合的构建之前，我们先简单介绍一下二次规划问题。

站在经济学角度讲，所谓规划，就是对有限的资源进行合理分配，使得效用最大化。

比如财务规划是站在个人、家庭或公司的角度，合理地利用资源使其收益最大化。当然，我们可以利用的资源是受到一定限制的，如办公场所的大小、公司可用资金的多少等。

用数学公式来表达上面这一概念，就是：

$$\min f\left(x_1, x_2, \cdots, x_n\right)$$
$$\text{s.t. } x_1, x_2, \cdots, x_n \text{的一系列约束}$$

式中，$x_1, x_2, \cdots, x_n$ 为一系列可以调节的参数，$f(\cdot)$ 为参数到目标的映射，称为目标函数。该公式表示在 $x_1, x_2, \cdots, x_n$ 的一系列约束下，找到一个 $x_1, x_2, \cdots, x_n$ 的组合，使得 $f(\cdot)$ 最小。如果我们的目标是最大化这一函数，那么只要在这一数学公式前加一个负号就可以了：

$$\max - f(x_1, x_2, \cdots, x_n)$$
$$\text{s.t. } x_1, x_2, \cdots, x_n\text{的一系列约束}$$

如果这一目标函数中具有二次项，就可以称其为一个"二次规划"。

那么，Python 中是怎么来解决这一类优化问题的呢？

在 Python 中，有一个比较强大的优化器开源库，叫作 cvxopt。其安装方法与安装别的库一样，在 prompt 中输入"pip install cvxopt"，然后等待自动下载和安装即可。

在安装完成后，重启 notebook 就可以开始使用这个强大的优化包了。读者可以自行通过搜索引擎，进入 cvxopt 官网进行系统的学习。官网中有一个比较好理解的例子，本书通过这一例子来简单介绍我们在进行组合优化的时候需要用到的功能。

cvxopt 官网的优化例子如下：

$$\min 2x_1^2 + x_2^2 + x_1 x_2 + x_1 + x_2$$
$$\text{s.t. } x_1 \geqslant 0$$
$$x_2 \geqslant 0$$
$$x_1 + x_2 = 1$$

我们看到在优化目标函数中出现了二次项，优化目标是 $2x_1^2 + x_2^2 + x_1 x_2 + x_1 + x_2$，很显然这是一个典型的二次规划。当然，作为一个简单的例子，这一目标函数并不具有实际意义。我们的优化问题是希望在约束条件下，找到 x_1 和 x_2 的一对数值，使得 $2x_1^2 + x_2^2 + x_1 x_2 + x_1 + x_2$ 这一目标函数最小。

这里的约束条件也很简单，两个数字都不能小于零（$x_1 \geqslant 0$，$x_2 \geqslant 0$），同时两个数字的和为 1（$x_1 + x_2 = 1$）。

要解决这一类二次规划问题，我们需要用到 cvxopt 中的一个方法，官方对这一方法的函数签名如下：

```
cvxopt.solvers.qp(P,
q[, G, h[, A, b[, solver[, initvals]]]])
```

对于这一方法中的 P，q，G，h，b，cvxopt 的官方文档给出了下面这个模板：

$$\min\left(\frac{1}{2}\right)x^\mathrm{T}Px + q^\mathrm{T}x$$
$$\mathrm{s.t.}\ Gx < h$$
$$Ax = b$$

将优化函数改写成上面这一模板的格式，并将 P，q，G，h，b 这些参数传入优化函数中，进而求解优化问题。

将这一简单的案例写成如下的矩阵形式，有：

$$\min \frac{1}{2}\cdot 2\begin{bmatrix} x_1 & x_2 \end{bmatrix}\begin{bmatrix} 2 & 0.5 \\ 0.5 & 1 \end{bmatrix}\begin{bmatrix} x_1 \\ x_2 \end{bmatrix} + \begin{bmatrix} 1 & 1 \end{bmatrix}\begin{bmatrix} x_1 \\ x_2 \end{bmatrix}$$
$$\mathrm{s.t.}\ \begin{bmatrix} -1 & 0 \\ 0 & -1 \end{bmatrix}\begin{bmatrix} x_1 \\ x_2 \end{bmatrix}_1 < \begin{bmatrix} 0 \\ 0 \end{bmatrix}$$
$$\begin{bmatrix} 1 & 1 \end{bmatrix}\begin{bmatrix} x_1 \\ x_2 \end{bmatrix}_1 = 1$$

把上面的例子和官方文档给出的模板进行对标，一一对应后可分别获得矩阵 P,q,G,h,A,b 如下：

$$P = 2\times\begin{bmatrix} 2 & 0.5 \\ 0.5 & 1 \end{bmatrix}$$
$$q = \begin{bmatrix} 1 \\ 1 \end{bmatrix}$$
$$G = \begin{bmatrix} -1 & 0 \\ 0 & -1 \end{bmatrix}$$
$$h = \begin{bmatrix} 0 \\ 0 \end{bmatrix}$$
$$A = \begin{bmatrix} 1 \\ 1 \end{bmatrix}$$
$$b = 1$$

将这些参数分别传入优化器（solvers）中，就可以查看优化的结果。我们可以编写如下代码。

```
In:
```

```
from cvxopt import matrix, solvers
P = 2*matrix([ [2, .5], [.5, 1] ])
q = matrix([1.0, 1.0])
G = matrix([[-1.0,0.0],[0.0,-1.0]])
h = matrix([0.0,0.0])
A = matrix([[1.0, 1.0]]).T
b = matrix([1.0])
```

按照模板，分别编辑好需要用到的数据。

```
In:sol=solvers.qp(P, q, G, h, A, b)
Out:
pcost dcost gap pres dres
0: 1.8889e+00 7.7778e-01 1e+00 2e-16 2e+00
1: 1.8769e+00 1.8320e+00 4e-02 2e-16 6e-02
2: 1.8750e+00 1.8739e+00 1e-03 2e-16 5e-04
3: 1.8750e+00 1.8750e+00 1e-05 1e-16 5e-06
4: 1.8750e+00 1.8750e+00 1e-07 1e-16 5e-08
Optimal solution found.
print(sol['x'])
[ 2.50e-01]
[ 7.50e-01]
```

从代码的运行结果可以看出，优化这一问题的时候，优化器迭代了 5 步，最后获得了优化结果（Optimal Solution Found）。优化的结果告诉我们，当 $x_1 = 0.25$，$x_2 = 0.75$ 的时候，得到的结果是最优的，即这时的目标函数获得最小值。读者可以自行验证。

1. 不带约束的例子

我们先介绍在股票组合优化之前需要的两样东西：个股的预期收益率和股票之间的收益率相关性矩阵。前者容易理解，由多因子模型生成；后者用于计算组合的预期标准差，也就是对预期风险的度量。

在实际操作过程中，我们通常直接将多因子模型中的合成因子值作为股票的预期收益率的代理变量，或者通过合成因子值经过线性模型获得预期收益率。假设我们通过本书介绍的多因子模型获得了一系列股票的预期收益率，用

μ 来表示，可以写成如下形式：

$$\boldsymbol{\mu} = \begin{bmatrix} E(\mu_1) \\ E(\mu_2) \\ \vdots \\ E(\mu_n) \end{bmatrix}$$

$E(\mu_i)$ 为多因子模型给出的股票 i 的预期收益率。

组合的预期风险相对而言就显得略微复杂。在前面的章节中已经介绍，组合的波动率就是对组合风险的一种衡量，而股票组合的波动率与每只股票自身的波动率及每只股票之间的协方差有关。既然如此，那么股票收益率之间的协方差矩阵就是用来计算组合预期风险的基础。

股票收益率之间协方差矩阵的计算属于另外一个分支，涉及风险模型的构建，并不是由多因子模型给出的，因此本书不展开讨论。通常这一协方差矩阵由商业软件或专业的数据商提供，例如 Barra 和 Axioma。这里我们假设已知协方差矩阵如下：

$$\boldsymbol{\Sigma} = \begin{bmatrix} \mathrm{var}(\mu_1) & \mathrm{cov}(\mu_1,\mu_2) & \ldots & \mathrm{cov}(\mu_1,\mu_n) \\ \mathrm{cov}(\mu_2,\mu_1) & \mathrm{var}(\mu_2) & \ldots & \mathrm{cov}(\mu_2,\mu_n) \\ \vdots & \vdots & & \vdots \\ \mathrm{cov}(\mu_n,\mu_1) & \mathrm{cov}(\mu_n,\mu_2) & \ldots & \mathrm{var}(\mu_n) \end{bmatrix}$$

有了对股票收益率和协方差矩阵的估计之后，我们就可以进一步计算组合的收益率与风险了。我们对组合中每一个股票的权重给出如下权重向量：

$$\boldsymbol{w} = \begin{bmatrix} w_1 \\ w_2 \\ \vdots \\ w_n \end{bmatrix}$$

w_i 是组合中股票 i 的权重。$w_1, w_2, \cdots, w_i$ 的和是 1，即：

$$\sum_{k=1}^{n} w_k = 1$$

那么，组合的预期收益率就是股票的权重乘以每一只股票的预期收益率，公式如下：

$$\sum_{k=1}^{n} w_k E\left(\mu_k\right)$$

而组合的风险，也就是组合收益率的标准差，根据方差的计算公式，有：

$$\sigma^2 = \sum_{k=1}^{N} w^2 V\left(r_i\right) + 2\sum_{k=1}^{N}\sum_{i=k+1}^{N} w_i w_k \mathrm{cov}\left(r_i, r_j\right)$$

式中，σ 为组合的标准差，即预期风险的衡量。上面的公式写成矩阵的形式就是：

$$\sigma^2 = w^{\mathrm{T}} \Sigma w$$

到这里，组合的预期收益率与预期风险就都有了，唯一需要调节的就是组合中股票的权重，也就是向量 w。既然我们希望用更小的代价（组合风险）来获得希望达到的收益率，那么可以假设希望达到的收益率是 μ_p，优化表达式可以写成下面这一形式：

$$\min w^{\mathrm{T}} \Sigma w$$
$$\text{s.t. } w^{\mathrm{T}} \mu = \mu_p \text{且} w^{\mathrm{T}} I = 1$$

很显然，这是一个典型的二次优化问题。如何解决这样的优化问题呢？

下面举一个股票的案例来进行展示。为了简化问题，我们假设股票池中只有 3 只股票。已知这只股票构成的预期收益率向量如下：

$$\mu = \begin{bmatrix} 0.04 \\ 0.02 \\ -0.01 \end{bmatrix}$$

且已知 3 个股票的收益率协方差矩阵如下：

$$\Sigma = \begin{bmatrix} 0.106 & 0.04 & 0.014 \\ 0.04 & 0.01 & 0.011 \\ 0.014 & 0.07 & 0.03 \end{bmatrix}$$

有了股票的预期收益率，也有了协方差矩阵，那么进行组合优化的原材料就充足了。

根据二次优化模板，我们先把组合的二次规划问题写成如下的格式：

$$\min \frac{1}{2} \cdot 2w^{\mathrm{T}} \Sigma w$$

$$\text{s.t.} \left[u, I\right]^{\mathrm{T}} w = \begin{bmatrix} \mu_t \\ 1 \end{bmatrix}$$

式中，$w = \begin{bmatrix} w_1 \\ w_2 \\ w_3 \end{bmatrix}$ 为这 3 只股票各自在组合中的权重，也就是我们组合优化需要

计算出来的参数。$\Sigma = \begin{bmatrix} 0.106 & 0.04 & 0.014 \\ 0.04 & 0.01 & 0.011 \\ 0.014 & 0.011 & 0.03 \end{bmatrix}$ 为先前给出的 3 只股票预期收益率

的协方差矩阵。$\mu = \begin{bmatrix} 0.04 \\ 0.02 \\ -0.01 \end{bmatrix}$ 为先前给出的预期收益率。$I = \begin{bmatrix} 1 \\ 1 \\ 1 \end{bmatrix}$，$\mu_t$ 是我们设置

的预期收益率。

那么，根据二次优化的模板，对应有：

$$P = 2 \times \Sigma$$

$$q = \begin{bmatrix} 0 \\ 0 \\ 0 \end{bmatrix}$$

$$A = \begin{bmatrix} 0.04 & 1 \\ 0.02 & 1 \\ -0.01 & 1 \end{bmatrix}$$

$$b = \begin{bmatrix} \mu_t \\ 1 \end{bmatrix}$$

将上面的参数编写成如下程序，同时在程序中设定 μ_t，也就是预期收益率为 10%（0.1）。

```
In:
target_return = 0.1
P=2*matrix([[0.106, 0.04,0.014],
        [0.04, 0.01,0.011],
        [0.014, 0.011, 0.03]])
q = matrix([0.0, 0.0, 0.0])
# A = matrix([[0.04, 0.02, -0.01, 0.13, -0.09, -0.05],[1, 1, 1, 1, 1, 1]]).T
A = matrix([[0.04, 0.2, -0.1],[1, 1, 1]]).T
b = matrix([target_return,1])
sol=solvers.qp(P, q,A=A,b=b)
```

```
print(sol['x'])
Out:
[-2.47e-01]
[ 7.82e-01]
[ 4.65e-01]
```

上面的结果表明，优化组合的结果是：3 只股票的权重依次为-24.7%、78.2% 和 46.5%。

可以看到，3 只股票的权重之和为 100%（1.0）。

```
In:x = np.array([-0.247, 0.782, 0.465])
   In:np.sum(x)
Out:1.0
```

在这一权重下，可以进一步计算优化组合的预期方差及预期收益率。

```
In:np.sqrt(x.T.dot([[0.106, 0.04,0.014],
       [0.04, 0.01,0.011],
       [0.014, 0.011, 0.03]]).dot(x))
Out:0.09166614659030055
In:np.array([0.04, 0.2, -0.1]).T.dot(x)
Out:0.099999999
```

经过上面的计算，组合的预期波动率，即预期组合风险约为 9.2%。同时计算出组合的预期收益率约为 10%（0.0999），与我们设置的一致。

2. 带约束的例子

不带约束的例子获得的最优解在实际交易过程中是无法实现的。例如在实际市场环境中，我们可能无法做空股票或者做空成本过高，又或者是个股持股比例不能过高。因此在实际进行组合优化的时候一般都会带有一定的限制。

首先，我们需要对卖空进行限制，也就是所有股票的权重必须大于等于零。这样的限制可以用如下约束来表达：

$$w_i \geqslant 0$$

在这一约束下，每一个股票的权重都不能小于 0，即不允许组合进行股票卖空操作。

此外，基于某些原因（例如公司风控、个股风险等），投资者也会限制组合的最高权重，不希望组合中某一只股票的权重占比过大。这里假设任何一只股票的权重占比均不能高于 50%。

将上面两项综合起来，对于个股权重的限制就是：

$$0 \leqslant w_i \leqslant 0.5$$

此时只需要在之前的优化过程中增加一个不等式约束就可以了。这一约束可以用如下矩阵来表示：

$$\min \frac{1}{2} \cdot 2 \boldsymbol{w}^{\mathrm{T}} \boldsymbol{\Sigma} \boldsymbol{w}$$

$$\text{s.t.} \begin{bmatrix} -1 & 0 & 0 \\ 0 & -1 & 0 \\ 0 & 0 & -1 \\ 1 & 0 & 0 \\ 0 & 1 & 0 \\ 0 & 0 & 1 \end{bmatrix} \boldsymbol{w} < \begin{bmatrix} 0 \\ 0 \\ 0 \\ 0.5 \\ 0.5 \\ 0.5 \end{bmatrix}$$

$$\begin{bmatrix} \boldsymbol{u}, \boldsymbol{I} \end{bmatrix}^{\mathrm{T}} \boldsymbol{w} = \begin{bmatrix} \mu_t \\ 1 \end{bmatrix}$$

可以编制下面的程序来求解这一优化问题，同样地，将预收益率设置为10%（0.1）。

```
In:
target_return = 0.1
cov_matrix = np.array([[0.106, 0.04,0.014],
        [0.04, 0.01,0.011],
        [0.014, 0.011, 0.03]])
P=2*matrix(cov_matrix)
q = matrix([0.0, 0.0, 0.0])
G = matrix([[-1.0,0.0, 0.0],[0.0,-1.0, 0.0],[0.0,0.0,-1],[1.0, 0.0,
0.0], [0.0, 1.0, 0.0], [0.0, 0.0, 1.0]]).T
h = matrix([0.0,0.0,0.0,0.5,0.5,0.5])
A = matrix([ [0.04, 0.2, -0.1],[1, 1, 1]]).T
b = matrix([target_return,1])
sol=solvers.qp(P, q,G=G, h=h, A=A,b=b)
```

```
print(sol['x'])
x = np.array([sol['x'][0], sol['x'][1], sol['x'][2]])
Out:
pcost dcost gap pres dres
0: 2.9318e-02 -1.7158e+00 1e+01 3e+00 5e-16
1: 3.1424e-02 -9.8727e-01 1e+00 6e-02 5e-16
2: 3.4725e-02 -1.2174e-02 5e-02 1e-03 6e-16
3: 3.4350e-02 3.3120e-02 1e-03 3e-05 2e-16
4: 3.3923e-02 3.3910e-02 1e-05 3e-07 6e-17
5: 3.3918e-02 3.3918e-02 1e-07 3e-09 2e-17
6: 3.3918e-02 3.3918e-02 1e-09 3e-11 9e-17
Optimal solution found. [ 3.57e-01] [ 5.00e-01] [ 1.43e-01]
```

可以看到，经过多次迭代之后，优化器给出的组合优化结果中，3 只股票的权重分别是 35.7%、50%和 14.3%。这完全符合我们的限制条件。

```
In:x = np.array([0.35714286, 0.5 , 0.14285714])
In:np.array([0.04, 0.2, -0.1]).T.dot(x)
Out:0.1000000004
In:np.sqrt(x.T.dot([[0.106, 0.04,0.014],
        [0.04, 0.01,0.011],
        [0.014, 0.011, 0.03]]).dot(x))
Out:0.18416939920760397
```

通过上面代码计算出来的组合预期波动率约为 18%，预期收益率依然为 10%（在误差范围内）。可以发现，在添加了约束条件后，虽然预期收益率一致，但是组合的波动率数值明显变大了。所以说，世界上没有免费的午餐，当我们对组合的构建过程提出了更多的限制，则必然在其他地方会有所损失。

那么，给定的收益率和经过优化器获得的组合预期风险到底是什么关系呢？下面我们将上面的过程封装成一个函数，然后让计算机循环运行，通过观察绘制的散点图就可以得到答案了。

编写如下函数，传入的参数为目标的预期收益率，返回的是组合收益率的预期方差。

```
In:
def mean_variance_cal(target_return):
```

```
    cov_matrix = np.array([[0.106, 0.04,0.014],
            [0.04, 0.01,0.011],
            [0.014, 0.011, 0.03]])
    P=2*matrix(cov_matrix)
    q = matrix([0.0, 0.0, 0.0])
    G = matrix([[-1.0,0.0, 0.0],[0.0,-1.0, 0.0],[0.0,0.0,-1],[1.0,
0.0, 0.0], [0.0, 1.0, 0.0], [0.0, 0.0, 1.0]]).T
    h = matrix([0.0,0.0,0.0,0.5,0.5,0.5])
    A = matrix([ [0.04, 0.2, -0.1],[1, 1, 1]]).T
    b = matrix([target_return,1])
    sol=solvers.qp(P, q,G=G, h=h, A=A,b=b)
    x = np.array([sol['x'][0], sol['x'][1], sol['x'][2]])
    return x.T.dot(cov_matrix).dot(x)
```

下面的代码通过 100 次的模拟，获得目标收益率从 0 到 9.9%情形下的组合方差散点图（如图 6-3 所示）。

```
In:
target_return_ser = [(item) * 0.001 for item in range(100)]
    pd.DataFrame([[mean_variance_cal(r) for r in target_return_ser],
target_return_ser], index=['risk','return']).T.plot.scatter(x='risk',
y='return')
Out:
```

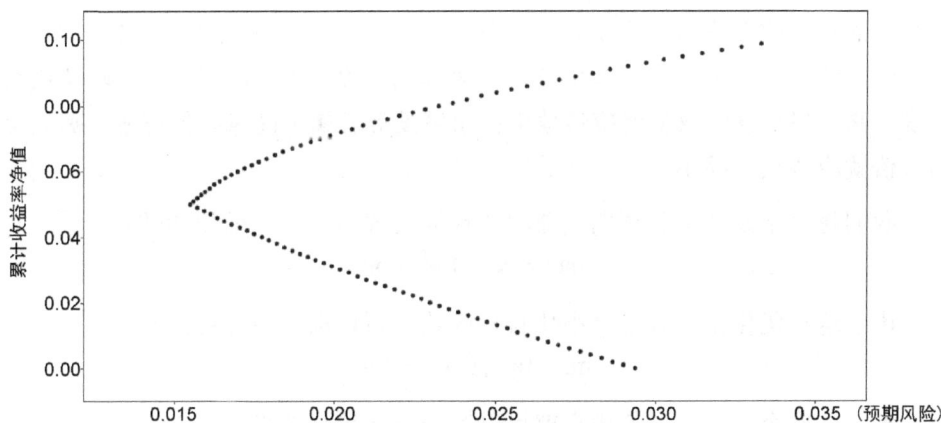

图 6-3　目标收益率与对应组合方差散点图

图 6-3 其实就是马科维兹理论中资本市场线的雏形。这一曲线告诉投资者，若手中的资产是被最优化配置的，则必然会落到这一曲线上。如果给定特定的风险，风险和收益率的点落在曲线内部，那么说明还可以进一步优化配置，获得更高的收益率或者降低预期风险。

6.2.2 "均值-方差"效用函数

在之前的例子中，组合优化问题的情景都是给定一个预期收益率，然后通过优化个股权重来实现最小化组合的风险。但更多时候，投资者其实并不是通过确定一个预期收益率来进行组合优化的，而是对预期收益率和预期风险进行一定的权衡取舍，使得投资组合整体的效用最大化。也就是说，一个投资组合的效用是由组合的预期收益率和预期风险共同决定的，而架设在组合效用和预期收益率与预期风险之间的桥梁就是效用函数。

效用函数有很多种形式，目前最常用的就是均值—方差函数。这一效用函数的公式如下：

$$\mu_p - A\sigma_p^2$$

式中，μ_p 为组合的预期收益率；σ_p 为组合的预期波动率，用于衡量风险；A 为投资者的风险厌恶系数。

从这个公式中可以直观看出，这一效用函数其实就是利用组合的预期风险对组合的预期收益率进行调节，所以这一函数也叫作"风险调整后的收益"。其中的风险厌恶系数 A 反映投资者对待风险的态度。如果投资者对风险的厌恶程度较高，那么 A 的取值就应该放大；如果投资者属于高风险偏好者，那么 A 的取值就应该相应缩小。

我们将对于波动率和预期收益率的计算公式带入这一效用函数：

$$\max w^{\mathrm{T}}\mu - Aw^{\mathrm{T}}\sum w$$

由于这一优化器默认是最小化目标函数，所以取负数即可：

$$\min Aw^{\mathrm{T}}\sum w - w^{\mathrm{T}}\mu$$

那么，整个优化函数的逻辑就可以写成下面这样的形式：

$$\min \frac{1}{2}\cdot 2Aw^{\mathrm{T}}\sum w - w^{\mathrm{T}}\mu$$

$$\text{s.t.} \begin{bmatrix} -1 & 0 & 0 \\ 0 & -1 & 0 \\ 0 & 0 & -1 \\ 1 & 0 & 0 \\ 0 & 1 & 0 \\ 0 & 0 & 1 \end{bmatrix} \boldsymbol{w} < \begin{bmatrix} 0 \\ 0 \\ 0 \\ 0.5 \\ 0.5 \\ 0.5 \end{bmatrix}$$

$$\boldsymbol{I}^{\mathrm{T}} \boldsymbol{w} = 1$$

同样地，我们可以得到：

$$\boldsymbol{P} = 2 \cdot \boldsymbol{A} \cdot \begin{bmatrix} 0.106 & 0.04 & 0.014 \\ 0.04 & 0.01 & 0.011 \\ 0.014 & 0.011 & 0.03 \end{bmatrix}$$

$$\boldsymbol{q} = - \begin{bmatrix} 0.04 \\ 0.2 \\ -0.1 \end{bmatrix}$$

$$\boldsymbol{G} = \begin{bmatrix} -1 & 0 & 0 \\ 0 & -1 & 0 \\ 0 & 0 & -1 \\ 1 & 0 & 0 \\ 0 & 1 & 0 \\ 0 & 0 & 1 \end{bmatrix}$$

$$\boldsymbol{h} = \begin{bmatrix} 0 \\ 0 \\ 0 \\ 0.5 \\ 0.5 \\ 0.5 \end{bmatrix}$$

$$\boldsymbol{b} = 1$$

已知股票的期望收益率与股票之间的协方差矩阵，就可以用二次规划来寻找股票组合的最优解，从而在风险最小的情况下获得最大的效用。这就是"均值-方差"优化组合的基本原理。

下面的代码将风险厌恶系数（A）设置为 0.6，进行优化求解。

```
In:
```

```
A = 0.6
cov_matrix = np.array([[0.106, 0.04,0.014],
        [0.04, 0.01,0.011],
        [0.014, 0.011, 0.03]])
P=A*2*matrix(cov_matrix)
q = -1 * matrix([0.04, 0.2, -0.1])
G = matrix([[-1.0,0.0, 0.0],[0.0,-1.0, 0.0],[0.0,0.0,-1],[1.0, 0.0,
0.0], [0.0, 1.0, 0.0], [0.0, 0.0, 1.0]]).T
h = matrix([0.0,0.0,0.0,0.5,0.5,0.5])
A = matrix([[1.0, 1.0, 1.0]]).T
b = matrix([1.0])
sol=solvers.qp(P, q,G=G, h=h, A=A,b=b)
x = np.array([sol['x'][0], sol['x'][1], sol['x'][2]])
print('weight:',x,
    '\nreturn:',np.array([0.04, 0.2, -0.1]).T.dot(x),
    '\nrisk:',np.sqrt(x.T.dot(cov_matrix).dot(x)))


Out:
pcost dcost gap pres dres
0: -5.1220e-02 -1.7360e+00 2e+00 1e-16 6e-17
1: -5.7040e-02 -1.3976e-01 8e-02 3e-17 3e-16
2: -8.2831e-02 -9.5054e-02 1e-02 1e-16 7e-17
3: -9.0329e-02 -9.0674e-02 3e-04 1e-16 3e-18
4: -9.0597e-02 -9.0601e-02 3e-06 1e-16 6e-17
5: -9.0600e-02 -9.0600e-02 3e-08 2e-16 2e-17
Optimal solution found.
weight: [4.99999621e-01 4.99999994e-01 3.85440874e-07]
return: 0.1199999450275626
risk: 0.22135933223629636
```

结果显示，当风险厌恶系数 A 取 0.6 的时候，组合优化的结果是 3 只股票的权重依次约为 50.0%、50.0%、0.0%。组合的收益率约为 12.0%，组合收益率的预期风险约为 22.1%。

在上面的代码中，调节风险厌恶系数 A 就可以调节投资者对风险的厌恶程度。那么我们就可以绘制在不同的风险厌恶系数下，优化组合的预期收益率与预期风险的散点图，进而来观察两者之间的关系。

首先编写一个调节风险厌恶系数来获得不同的优化结果，并计算出组合收益率。函数的传入参数为风险厌恶系数 *A*，函数返回的结果是组合的预期收益率与组合的预期风险。

```
In:
def risk_aversion(A):
    cov_matrix = np.array([[0.106, 0.04,0.014],
            [0.04, 0.01,0.011],
             [0.014, 0.011, 0.03]])
    P=A*2*matrix(cov_matrix)
    q = -1 * matrix([0.04, 0.2, -0.1])
    G = matrix([[-1.0,0.0, 0.0],[0.0,-1.0, 0.0],[0.0,0.0,-1],[1.0,
0.0, 0.0], [0.0, 1.0, 0.0], [0.0, 0.0, 1.0]]).T
    h = matrix([0.0,0.0,0.0,0.5,0.5,0.5])
    A = matrix([[1.0, 1.0, 1.0]]).T
    b = matrix([1.0])
    sol=solvers.qp(P, q,G=G, h=h, A=A,b=b)
    x = np.array([sol['x'][0], sol['x'][1], sol['x'][2]])
    return (np.array([0.04, 0.2,
-0.1]).T.dot(x),np.sqrt(x.T.dot(cov_matrix).dot(x)))
```

然后根据这一函数来计算不同的参数 *A* 下的不同的收益率与风险，并对结果进行绘制（如图 6-4～图 6-6 所示）。

```
In:
aversion_list = [item * 0.1 for item in range(1,101)]
result_list = [risk_aversion(A) for A in aversion_list]
pd.DataFrame([aversion_list, [item[0] for item in result_list],
[item[1] for item in result_list]], index=['A','return',
'risk']).T.plot.scatter(x='A', y='return')


Out:
```

```
In:
pd.DataFrame([aversion_list, [item[0] for item in result_list],
[item[1] for item in result_list]], index=['A','return',
'risk']).T.plot.scatter(x='A', y='risk')

Out:
In:
pd.DataFrame([aversion_list, [item[0] for item in result_list],
[item[1] for item in result_list]], index=['A','return',
'risk']).T.plot.scatter(x='risk', y='return')

Iut:
```

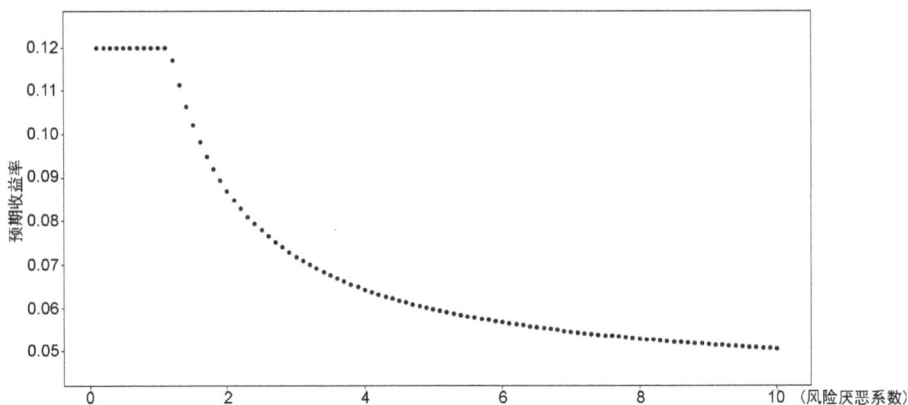

图 6-4　不同风险厌恶系数下的组合预期收益率

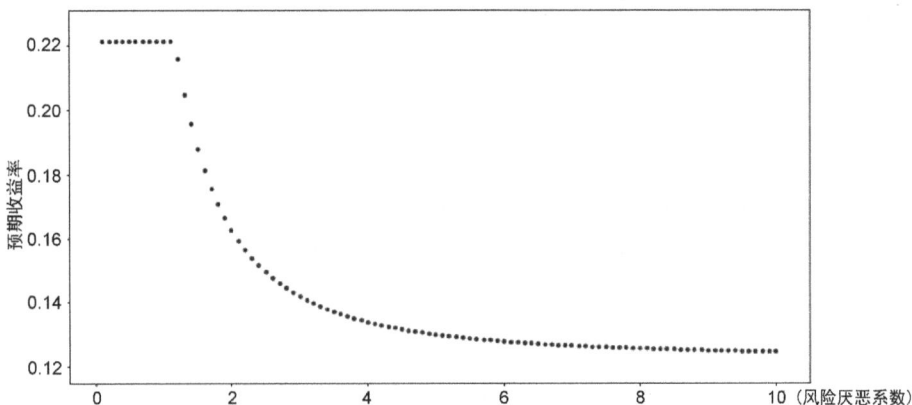

图 6-5　不同风险厌恶系数下的组合风险

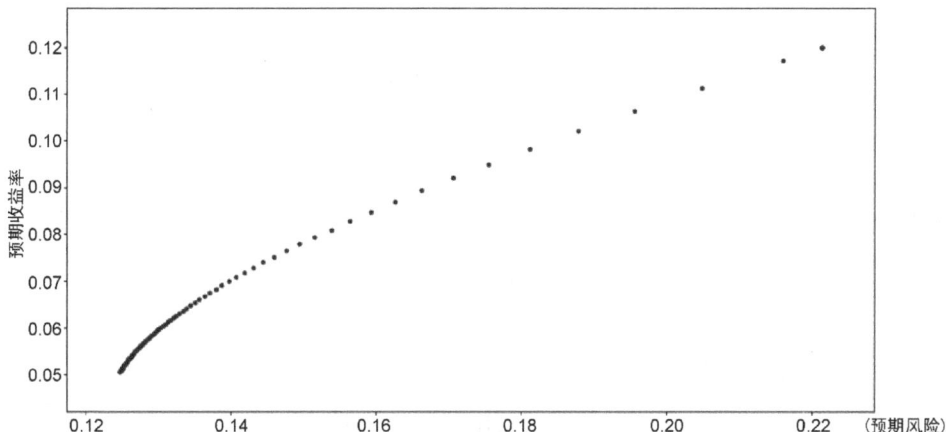

图 6-6　不同风险厌恶系数下风险与收益率的散点图

图 6-4 中展现的是不同的风险厌恶系数 *A* 下，优化组合的预期收益率情况。可以看到，当 *A* 取值很小，也就是投资者风险偏好较大的时候，组合的预期收益率较高，且在一开始的区间内预期收益率并不随着风险厌恶系数 *A* 的增加而增加。这是因为在存在高风险偏好的情况下，优化器必然寻找收益率最高的那些股票进行满额度配置；随着 *A* 取值的增加，由于风险容忍度下降，使得优化的结果中会引入其他的股票用于降低组合的预期风险，因此也使得组合的预期收益率开始下降。这就是这一散点图形成的原因。

同样地，图 6-5 中风险厌恶系数 *A* 与优化组合的预期风险的散点图更容易理解。图 6-6 则是一张很经典的图片，可以看到，随着组合预期风险的增加，组合的预期收益率也在不断增加。

从组合优化的例子中可以看出，当我们使用优化器构建优化组合的时候，需要有股票的预期收益率与股票之间的协方差矩阵。

股票的协方差矩阵通常是由商业公司直接提供的，比较著名的有 MSCI BARRA 和 Axioma。在实际操作过程中，这一部分数据会被直接采购，所以本书不再深入讨论。想深入了解这部分内容的读者可以去这些商业公司的官网下载相关文档，详细了解风险模型的构建方法。

除了风险模型，还需要股票的预期收益率。到目前为止，我们的多因子模型并没有给出股票的预期收益率，而只是给出了一个合成因子值。在实践中，我们往往不会评估股票的预期收益率，因为多因子模型给出的合成因子值和股票的预期收益率是一个正比例线性关系。也就是说股票的预期收益率和合成的因子值之间只是相差了一个系数，而这一系数是可以利用风险厌恶系数来进行调节的，即：

$$\mu_p = a \times 因子值$$

式中，μ_p 为股票的预期收益率。将这一预期收益率带入效用函数中就得到：

$$a \times 因子值 - A\sigma_p^2 = 因子值 - \frac{A}{a}\sigma_p^2$$

令 $\frac{A}{a} = A'$，就有：

$$\mu_p - A\sigma_p^2 = 因子值 - A'\sigma_p^2$$

这个时候，我们就可以将 A' 当成一个新的风险厌恶系数。因此，在实践中使用"均值—方差"组合优化方法的时候，并不会纠结于股票的预期收益率是多少，只需要因子模型给出的因子值及风险模型给出的协方差矩阵就可以了。